TAEKWONDO
FUNDAMENTAL

CARLOS NEGRÃO

TAEKWONDO
FUNDAMENTAL

1ª Edição
2012

São Paulo-SP
Brasil

Copyright © 2012 do Autor
Todos os direitos desta edição reservados à
Prata Editora (Prata Editora e Distribuidora Ltda.)

Editor-Chefe:
Eduardo Infante

Revisão Ortográfica:
Maria Cristina I.V. De Lucca

Fotos:
Eduardo Infante, Julio Rim e Carlos Negrão

Foram fotografados:

Belmiro Giordani	Marcio Wenceslau Ferreira
Carlos Costa	Marcos Gonçalves Oliveira
Eduardo Infante	Marcus Vinicius Palermo
Fabio Nagasawa	Natalia Moutinho
Jéssica Tamochunas	Wainer Cesar de Oliveira
Marcel Wenceslau Ferreira	Willians Guilherme da Silva
Marcio Eugênio	

Capa e Projeto Gráfico:
Julio Portellada

Diagramação:
Estúdio Kenosis

Dados Internacionais de Catalogação na Publicação (CIP)
(Câmara Brasileira do Livro, SP, Brasil)

Negrão, Carlos
Taekwondo fundamental / Carlos Negrão. —
1. ed. — São Paulo : Prata Editora, 2012.

Bibliografia.

1. Artes marciais 2. Filosofia oriental
3. Tae kwon do I. Título.

12-08416 CDD-796.8153

Índice para catálogo sistemático:
1. Taekwondo : Artes marciais 796.8153

Prata Editora e Distribuidora
www.prataeditora.com.br
facebook/prata editora

Todos os direitos reservados ao autor, de acordo com a legislação em vigor. Proibida a reprodução total ou parcial desta obra, por qualquer meio de reprodução ou cópia, falada, escrita ou eletrônica, inclusive transformação em apostila, textos comerciais, publicação em websites etc., sem a autorização expressa e por escrito do autor. Os infratores estarão sujeitos às penalidades previstas na lei.

Impresso no Brasil/*Printed in Brasil*

Dedico este livro a todas as pessoas maravilhosas que Deus colocou em meu caminho, fundamentais para o meu sucesso e felicidade. À minha amada família, meu tesouro maior. Aos mestres que me ensinaram o Taekwondo. Aos mestres introdutores e aos que antes de mim abriram caminho para a divulgação de livros sobre o Taekwondo. Ao meu editor e companheiro de tantos anos, mestre Eduardo Infante. Aos meus contemporâneos com quem tive a honra de conviver e trabalhar e a todos os meus alunos e discípulos, com quem aprendo todos os dias.

Carlos Negrão

O AUTOR

MESTRE CARLOS NEGRÃO
FAIXA-PRETA 6° DAN

CARLOS NEGRÃO É JORNALISTA, FORMADO pela faculdade Casper Líbero, em São Paulo, Mestre de Taekwondo 6° Dan e técnico internacional, diplomado pela Federação Mundial de Taekwondo (WTF).

Iniciou a prática do Taekwondo em 1976, na cidade de Marília, com o grão-mestre Gum Mo Bang. Em São Paulo, a partir de 1977, teve a oportunidade de conhecer e treinar com vários grandes mestres coreanos, entre os quais, podemos citar Kun Joon Kwon, Joo Yul Oh e os irmãos Yeo Jun Kim e Yeo Jin Kim.

Como atleta, obteve muitos êxitos, entre os quais podemos destacar os títulos de bicampeão paulista, campeão brasileiro interclubes, vice-campeão brasileiro, além da participação no lendário desafio Brasil x Coreia, em 1984.

Iniciou sua carreira como técnico em 1990, quando foi convidado para comandar a equipe de demonstração da Federação Paulista e, posteriormente, a equipe juvenil de competição. Devido ao seu sucesso no comando dessas equipes, em 1993 foi convidado a assumir a seleção paulista masculina adulta e, no ano seguinte, a seleção brasileira masculina.

Sob o comando de Carlos Negrão, a seleção brasileira, atingiu a hegemonia no continente sul-americano em 1997, quando conquistou sete medalhas de ouro, nas oito categorias, no Campeonato Sul-Americano. Em 1998, foi eleito, pelo oitavo ano consecutivo, o melhor técnico do Brasil.

O ponto alto de sua carreira como técnico aconteceu em 2000, quando, junto com Carmem Carolina, tornaram-se os primeiros representantes do Taekwondo brasileiro a participar dos Jogos Olímpicos, em Sidnei, na Austrália.

O Mestre Carlos Negrão participou, ainda, de um grande número de competições internacionais, entre as quais, os Jogos Olímpicos de Pequim e os Jogos Pan-Americanos do Rio de Janeiro.

É o técnico que participou do maior número de competições internacionais e do maior número de conquistas na história do Taekwondo brasileiro.

COORDENAÇÃO EDITORIAL E TÉCNICA

MESTRE EDUARDO INFANTE
FAIXA-PRETA 5º DAN

INICIOU O TAEKWONDO EM 1975, com o mestre Sang Min Cho, introdutor do Taekwondo no Brasil. Em 1981, passou a treinar na Academia Liberdade, com o mestre Kum Joon Kwon e, posteriormente, com os mestres Yeo Jun Kim e Yeo Jin Kim. Atua, até os dias de hoje, como mestre na Academia Liberdade, em São Paulo.

Mestre Eduardo Infante.

Durante sua trajetória no Taekwondo, participou de diversos campeonatos mas sua principal atuação foi na equipe de demonstrações da Academia Liberdade. Foi árbitro em vários campeonatos oficiais realizadas, pela FETESP, no estado de São Paulo. Participou, também, de competições de *pomse*, tendo obtido várias medalhas nessa modalidade, em disputas no *Brazil Open*, o maior campeonato aberto do País, realizado anualmente em São Paulo.

Formado em Administração de Empresas, Publicidade e com Pós-Graduação em Marketing, é empresário do setor editorial e ecritor. Participou ativamente em todo o processo de produção desta obra, como editor e revisor técnico.

SUMÁRIO

Introdução 15

■ CAPÍTULO 1 – Taekwondo para iniciantes 17
    O que significa 17
    O que é 17
    Principal característica 17
    Fundamentos 18
    Objetivo 18
    Filosofia 19
    Benefícios 19
    O uniforme 20
    Etiqueta 22
    O treinamento 24
    Sistema de graduação 30
    Exame de faixa 30
    Entidades diretivas 30
    Onde se pratica Taekwondo 31
    Pessoal envolvido na estrutura do Taekwondo 32

■ CAPÍTULO 2 – Origens do Taekwondo 35
    A Coreia e as artes marciais 35
    Dinastias Koryo e Chosun (Yi) 36
    Ocupação japonesa 37
    Influências externas 38
    Ressurgimento das escolas tradicionais 39
    Ao final da guerra da Coreia, nasce o Taekwondo 39
    Estruturação política e técnica do Taekwondo 40
    Taekwondo sem fronteiras 41
    O Taekwondo e a Coreia 44
    Taekwondo no Brasil 44

■ CAPÍTULO 3 – Metodologia ... 55

Metodologia brasileira ... 55
Graduação ... 56
Ensino gradual ... 59
Kibon donjack ... 59
Chutes ... 60
Pomse (sequência de movimentos) ... 62
Lutas combinadas ... 65
Kerougui (treinamento de luta) ... 66
Kiopa sul (técnicas de quebramento) ... 68
Exame de faixa ... 69
Currículo ... 69

□ CAPÍTULO 4 – Faixa Branca (10º *GUB*) ... 73

Significado ... 73
Primeiros ensinamentos ... 73
Kibon donjack (*son ki sul* – técnicas de mãos) ... 76
Bal ki sul (técnicas de chutes) ... 77
Pomse ... 79
Iron (conhecimento teórico) ... 81
Currículo para exame de faixa ... 82

☐ CAPÍTULO 5 – Faixa Branca/Amarela (9º *GUB*) ... 85

Primeiros ensinamentos ... 85
Kibon donjack ... 86
Bal ki sul (técnicas de chutes) ... 87
Pomse ... 90
Kerougui (luta) ... 92
Kiopa (quebramento) ... 92
Iron (conhecimento teórico) ... 93
Currículo para exame de faixa ... 94

■ CAPÍTULO 6 – Faixa Amarela (8º *GUB*) ... 97

Significado ... 97
Primeiros ensinamentos ... 97
Kibon donjack ... 99
Bal ki sul (técnicas de chutes) ... 101
Pomse – *taeguk il jang* ... 103
Sam bo derion (luta combinada com 3 movimentos) ... 105
Kerougui (luta) ... 107
Kiopa (quebramento) ... 108
Iron (conhecimento teórico) ... 109
Currículo para exame de faixa ... 110
Dica de etiqueta ... 110

■ CAPÍTULO 7 – Faixa Amarela/Verde (7º *GUB*) ... 113

Primeiros ensinamentos ... 113

  Kibon donjack 114
  Bal ki sul (técnicas de chutes) 115
  Pomse – taeguk i jang 118
  Kerougui (luta) 121
  Kiopa (quebramento) 121
  Iron (conhecimento teórico) 123
  Currículo para exame de faixa 124
  Dica de etiqueta 124

■ CAPÍTULO 8 – Faixa Verde (6º GUB) 127
  Significado 127
  Primeiros ensinamentos 128
  Kibon donjack 128
  Bal ki sul (técnicas de chutes) 130
  Pomse – taeguk sam jang 132
  Il bo derion (luta combinada) 136
  Kerougui (luta) 139
  Kiopa (quebramento) 140
  Iron (conhecimento teórico) 140
  Currículo para exame de faixa 142

■ CAPÍTULO 9 – Faixa Verde/Azul (5º GUB) 145
  Primeiros ensinamentos 145
  Kibon donjack 146
  Bal ki sul (técnicas de chutes) 148
  Pomse – taeguk sa jang 150
  Il bo derion (luta combinada de competição – base fechada) 153
  Kerougui (luta) 156
  Kiopa (quebramento) 156
  Iron (conhecimento teórico) 157
  Currículo para exame de faixa 157

■ CAPÍTULO 10 – Faixa Azul (4º GUB) 159
  Significado 159
  Primeiros ensinamentos 159
  Kibon donjack 160
  Bal ki sul (técnicas de chutes) 162
  Pomse – taeguk oh jang 164
  Il bo derion (luta combinada de competição – base aberta) 168
  Kerougui (luta) 170
  Kiopa (quebramento) 170
  Iron (conhecimento teórico) 172
  Currículo para exame de faixa 173

■ CAPÍTULO 11 – Faixa Azul/Vermelha (3º GUB) 175
  Primeiros ensinamentos 175
  Kibon donjack 176
  Bal ki sul (técnicas de chutes) 178

  Pomse – taeguk yuk jang... 179
  Il bo derion (defesa pessoal contra o ataque de um único soco).................. 182
  Kerougui (luta)... 185
  Kiopa (quebramento)... 186
  Iron (conhecimento teórico).. 187
  Currículo para exame de faixa 187

■ **CAPÍTULO 12 – Faixa Vermelha (2º *GUB*)** 189
  Significado.. 189
  Primeiros ensinamentos... 189
  Kibon donjack 190
  Bal ki sul (técnicas de chutes) 193
  Pomse – taeguk tchil jang 193
  Joa derion (luta combinada, de joelhos).. 197
  Kerougui (luta)... 200
  Kiopa (quebramento)... 200
  Iron (conhecimento teórico).. 201
  Currículo para exame de faixa 202

■ **CAPÍTULO 13 – Faixa Vermelha/Preta (1º *GUB*)** 205
  Primeiros ensinamentos... 205
  Kibon donjack 206
  Bal ki sul (técnicas de chutes) 207
  Pomse – taeguk pal jang 208
  Ho shin sul (luta combinada – defesa pessoal) 212
  Kerougui (luta)... 216
  Kiopa (quebramento)... 216
  Iron (conhecimento teórico).. 219
  Currículo para exame de faixa 219
  Após o exame de faixa (a faixa preta) 220

■ **CAPÍTULO 14 – Por dentro da competição** 223
  História das competições 223
  Filosofia da competição... 223
  Noções básicas sobre as regras de competição.. 223
  Sistemas de arbitragem.. 225
  Árbitros... 225
  Modalidades de competição... 225
  Treinamento de competição... 227
  Vocabulário de competição 229
  Dicas para o competidor... 230

Glossário 233
Bibliografia 235
Colaboradores 237

INTRODUÇÃO

EM AGOSTO DE 2010, O Taekwondo comemorou 40 anos de sua introdução oficial no Brasil. Em todos esses anos, nossa modalidade nunca parou de crescer. De forma impressionante, aumentou, em média, mais de 12.000 praticantes por ano. É, atualmente, um dos esportes individuais mais praticados no Brasil e uma modalidade reconhecida e admirada pela nossa sociedade. O número de academias cresceu muito, mas o Taekwondo também ganhou espaço nos quartéis, nos clubes, nas escolas, nos projetos sociais e nas universidades. Esse crescimento gerou uma enorme demanda de material didático de apoio para professores e praticantes. Ainda assim, o que temos de bibliografia e material didático é muito pouco.

O número de livros de Taekwondo lançados está muito abaixo das necessidades, e os raros livros de qualidade, como "Aprenda Taekwondo", escrito e lançado nos anos 70 pelo grão-mestre Woo Jae Lee e reeditado nos anos 80 pelo grão-mestre Yong Min Kim, se esgotaram rapidamente e estão fora de catálogo.

Como jornalista e mestre de Taekwondo, me senti estimulado a escrever este livro, o qual acredito ir ao encontro das necessidades do mercado. Outro fator importante foi a vontade de compartilhar com outras pessoas a metodologia de ensino que desenvolvi nos meus vinte e três anos de ensino. A realização desta obra contou com a colaboração do editor e, também mestre de Taekwondo, Eduardo Infante.

O objetivo deste livro é ser uma ferramenta de consulta para mestres, professores e praticantes. Para isto, buscamos uma linguagem acessível a todos e uma nova abordagem de informações, dispostas de maneira didática. O conteúdo foi dividido em capítulos, de acordo com a sequência de graduação, para ser estudado de forma progressiva. Espero que esta obra cumpra sua função, e minha metodologia possa ser utilizada, analisada e desenvolvida. Divido o sucesso e a felicidade desta obra com todos os mestres, professores e praticantes que, como eu, dedicaram parte de suas vidas ao aprendizado e ao ensino do Taekwondo.

O Autor

TAEKWONDO
FUNDAMENTAL

CAPÍTULO 1

TAEKWONDO PARA INICIANTES

ESTE CAPÍTULO É DEDICADO ESPECIALMENTE àqueles que estão iniciando ou ainda não praticam o Taekwondo. Tem como objetivo ensinar os conceitos básicos e a nomeclatura específica utilizada, auxiliando na compreensão desta obra.

O que significa

TAE	KWON	DO
Pé	Punho (soco)	Caminho / método
		Filosofia / arte

A palavra **Taekwondo, significa**, literalmente, "**O caminho do pé e do punho**". Fica mais fácil de entendermos se traduzirmos como "O caminho do desenvolvimento através do treinamento dos pés e dos punhos".

O que é

É uma arte marcial, praticada como esporte, como método de defesa pessoal ou como atividade física recreativa.

Principal característica

As técnicas de chutes, em especial os chutes altos e com saltos.

Mestre Carlos Negrão executando um chute *ap tchagui*, no Kukkiwon – Seul – Coreia.

Fundamentos

O ser humano necessita de autoconhecimento. Saber qual é a sua força e quais são suas fraquezas para se posicionar de forma inteligente perante o mundo. Com este conhecimento ele pode superar o mais difícil obstáculo real: a falta de autoconfiança.

A prática do Taekwondo, além das técnicas de defesa pessoal e do desenvolvimento físico geral, nos ensina a perseverar em nossos objetivos, enfrentando com valentia os desafios e dificuldades da vida, mantendo e levando sempre em consideração os ideais de justiça e companheirismo.

Objetivo

O Taekwondo foi idealizado para ajudar na formação física, mental e espiritual das forças armadas da Coreia do Sul e, posteriormente, de todo o povo coreano.

Hoje em dia, o objetivo do Taekwondo continua quase o mesmo: ser, como arte marcial e esporte, uma ferramenta para o desenvolvimento físico e mental de seus praticantes, tornando-os conscientes de suas forças e deficiências, e, portanto, mais seguros, generosas, humildes e com capacidade de liderança. Pessoas prontas para contribuir com o desenvolvimento de sua família, seu país e na construção de um mundo melhor.

Filosofia

Não existe uma "filosofia do Taekwondo" consolidada como teoria, escrita, reconhecida e aceita como tal. Desde o surgimento dessa arte marcial os mestres têm esboçado uma "filosofia" difícil de ser explicada e escrita, e que só pode ser compreendida se vivenciada. Eles se inspiraram em conceitos filosóficos já existentes principalmente no Zen Budismo e no Confucionismo.

De acordo com esse conjunto de conceitos, buscar a própria evolução é, ao mesmo tempo, uma necessidade sociocultural e uma vocação natural da espécie, em busca da sobrevivência e, em última análise, do verdadeiro sentido da vida.

Benefícios

A prática regular e disciplinada do Taekwondo desenvolve todas as qualidades físicas (força, velocidade, flexibilidade, equilíbrio, coordenação, agilidade etc.) que podem ser aplicadas em qualquer situação, inclusive para defender-se de agressões e revidar, se preciso, com consciência do seu potencial e dos seus limites físicos reais.

No aspecto psicológico, o aluno enfrenta seus medos, inseguranças e, naturalmente, ao longo do treinamento, aprende a administrar esses sentimentos, desenvolvendo confiança e equilíbrio emocional. Especificamente, o treinamento de defesa pessoal e luta desenvolve a capacidade de lidar melhor com a própria agressividade e com a dos outros, aceitar regras e a compreender a vitória e a derrota, o sucesso e o fracasso.

O desenvolvimento físico e mental leva a um crescimento espiritual, tornando o praticante uma pessoa mais generosa, compreensiva e preparada para viver em sociedade.

Benefícios para crianças

Além do desenvolvimento físico e crescimento psicológico já citados, os benefícios trazidos pela prática do Taekwondo refletem-se em outras áreas, ajudando a criança na vida escolar e social. Na escola, aumenta a capacidade de concentração, o ânimo para realizar suas tarefas, a segurança para expressar-se e a facilidade para relacionar-se com professores e colegas.

Benefícios para adultos

Além dos benefícios já citados, a prática do Taekwondo oferece uma forma de descarregar o estresse acumulado nas atividades rotineiras do dia a dia, estabilizando o humor e o equilíbrio emocional. Ainda, favorece a tomada de decisões sob pressão, pois essa é uma das características necessárias e exercitadas durante as lutas.

O uniforme

Também chamado de *dobok,* em coreano (pronuncia-se "dobô"), é composto de calça e paletó fechado, amarrados por uma faixa na altura da cintura. Em geral, branco, o *dobok*, que deve ser largo o suficiente para permitir movimentos amplos, pode ter listras laterais nos ombros e nas pernas.

Os faixas-pretas podem usar *doboks* com gola preta. É permitido, mas não comum, mestres, acima do 4º *dan*, usarem paletós brancos ou pretos, com xadrez formado por linhas da cor contrária. É sinal de boa educação estar sempre com o *dobok* em boas condições e, principalmente, limpo.

Dobok com gola branca – até a faixa vermelha preta.

Dobok com gola preta – acima da faixa preta.

Dobok trançado branco – acima do 4º *dan*.

Dobok trançado preto – acima do 4º *dan*.

Ti (a faixa)

Serve para firmar o uniforme, e sua cor informa a graduação do praticante. O comprimento da faixa varia de acordo com o modelo e a medida do quadril, mas a largura varia quase sempre em torno de 4,5 cm a 5 cm. Veja na página seguinte como amarrar a faixa.

COMO AMARRAR A FAIXA

1. Dividir a faixa ao meio. 2. Colocá-la em frente à cintura, com o meio da faixa no meio do corpo. 3. Dar a volta na cintura e segurar os dois lados da faixa.

4. Passar o lado esquerdo por cima do direito. 5. Em seguida, passá-la por baixo.

6. Fazendo o nó. 7. Puxando as extremidades, ajustar o nó.

Etiqueta

É o conjunto de regras de como portar-se nos locais onde se esteja como praticante de Taekwondo. Essas regras são aprendidas desde o primeiro dia de treinamento, principalmente através da observação de como agem os mais velhos e mais graduados. Basicamente, podemos dizer que a etiqueta foi desenvolvida para propiciar um ambiente agradável onde impere o respeito, o companheirismo e o bem estar de todos. Para exemplificar melhor vamos citar algumas regras de etiqueta:

Saudações

A teoria que fundamenta a prática do Taekwondo foi fortemente influenciada pelos valores da cultura oriental, em especial do Confucionismo. Por este motivo, são muito valorizados o respeito, a hierarquia, a disciplina, o patriotismo e a cidadania. Desta forma, sempre que chegue a um ambiente onde estiver como praticante de Taekwondo, a pessoa deve cumprimentar com respeito o lugar, os símbolos nacionais e os superiores presentes.

Ao entrar em uma academia

O praticante deve fazer uma reverência, inclinando a cabeça para a frente aproximadamente 15 graus e o tronco 45 graus, demonstrando respeito pelo local e por todos os presentes. É reverência mais usual na Coreia e na Ásia, de maneira geral. Neste caso, significa algo como pedir licença para entrar em algum lugar no qual estejam outras pessoas.

Saudando o *dojang*.

Saudando as pessoas

Após saudar o local de treino ou de competição, o praticante saúda os presentes por ordem de graduação e idade. Da mesma forma, durante a aula, quando for lutar, deve saudar o adversário.

Kiunne (cumprimento ou saudação).

Saudando os símbolos nacionais

Se no local houver uma bandeira nacional ou for tocar o hino de seu país, o praticante deve parar em posição de sentido, com os pés juntos e os braços ao lado do corpo e, ao comando do superior ou espontaneamente, levar a mão direita sobre o lado esquerdo do peito.

Comandos para saudações

Sempre que for iniciar uma aula, campeonato ou exame de faixa, a pessoa que estiver no comando ou o aluno mais graduado, deve dar o comando para que todos os alunos saúdem a bandeira do país, (quando houver bandeira no ambiente), saúdem os mestres e outros superiores presentes:

Cumprimento à bandeira.

Tchariot

Kuki iukedaio kiunne
(saudar a bandeira)

Kwanjanim kiunne
(saudar o grão-mestre acima de 6º *dan*)

Sabominim kiunne
(saudar o mestre de 4º a 6º *dan*)

Kiosanim kiunne
(saudar o professor de 1º a 3º *dan*)

Jokionim kiunne
(saudar o instrutor – 1º *gub* ou 1º *dan*)

Respeito aos mais graduados e mais velhos

Ao dirigir-se aos mais graduados e mais velhos deve sempre fazer uma reverência leve, inclinando o tronco e a cabeça, como já citamos.

O professor na academia

Antes de iniciar a aula ou qualquer evento, o professor ou pessoa que esteja no comando deve observar se existem bandeiras nacionais no recinto e, se houver, deve comandar a saudação à mesma, levando a mão direita ao lado esquerdo do peito. A cidadania e o patriotismo são conceitos importantes para o praticante de Taekwondo.

Quando um mestre mais graduado ou mais velho que o professor que esteja dando aula entrar na academia ou local de treinamento, o professor responsável deve sempre interromper a aula rapidamente para uma saudação ao visitante.

O atleta no campeonato

Numa competição de luta (*kerougui* – pronuncia-se "keruguí"), antes de entrar na área de luta o atleta deve sempre cumprimentar o seu técnico. Ao pisar na área de luta deve cumprimentar o árbitro central e, antes de o juiz dar início à luta, deve cumprimentar seu adversário e o técnico dele. Ao final da luta deve proceder da mesma forma.

O treinamento

O treinamento do Taekwondo é formado por dez elementos principais que se subdividem em outros:

Ginástica

São os exercícios não específicos do Taekwondo que fazemos durante a aula. Esses exercícios variam de acordo com momento e o seu objetivo na aula. Sendo assim, pode ser utilizado, no início da aula, para preparar o corpo para o treinamento técnico. No meio da aula, como forma de recreação ou melhoria do condicionamento físico geral. No final da aula, para relaxar o corpo e a mente. Fora da aula, a qualquer momento, para ganhar condicionamento físico.

Abdominais.

Exercício de flexibilidade.

Exercício de flexibilidade.

Flexões.

Kibon donjack

É o conjunto de ataques e defesas que utilizamos no Taekwondo. Em cada faixa aprendemos novos ataques e defesas que devem ser treinados especificamente e continuamente aprimorados.

Movimento de ataque da faixa branca.

Movimento de defesa da faixa vermelha.

Bal ki sul

É o treinamento das técnicas dos chutes, das sequências de chutes e das combinações de chutes com bloqueios e esquivas. O objetivo desse treinamento é aprimorar cada chute, aumentar o repertório de opções de ataques e contra-ataques e melhorar a coordenação de ações do praticante na luta.

Mestre Carlos Negrão executa *timio tit tchagui*.

Mestre Eduardo Infante executa *yop tchagui*.

Pomse

O pomse (pronuncia-se "pumsê") é o treinamento de uma luta imaginária, desferindo ataques e defesas em várias direções, dentro de um diagrama determinado. Serve para desenvolver a coordenação motora, a concentração, a respiração, o equilíbrio e desenvolver a técnica de defesa pessoal quando não temos um parceiro para treinar juntos.

Desde o surgimento do Taekwondo, na década de 50, foram elaborados vários grupos de sequências. As primeiras sequências elaboradas foram os *hians* (pronuncia-se "riôns") ou *thuls*, depois vieram os *palgwes* (pronuncia-se "palguês") e em seguida os *taeguks* (pronuncia-se "tegús").

Hians

Foram as primeiras sequências adotadas como técnicas oficiais pela *International Taekwondo Federation* – ITF, quando da sua criação. São utilizados até hoje pelos praticantes ligados a essa entidade, com algumas alterações na forma de execução e com uma nova denominação: *thuls*.

Palgwes

Foram elaborados com os mesmos propósitos dos *hians*, mas foram menos divulgados e pouco adotados.

Taeguks

Desenvolvidos após a criação do Kukkiwon, foram adotados pela *World Taekwondo Federation* – WTF para substituir os *hians*.

Kerougui (luta)

Existem, basicamente, três tipos de luta: A luta desportiva (*sihap kerougui*), que obedece as regras de competição, a luta combinada (*matcho kerougui*), que tem o objetivo de desenvolver as técnicas de defesa e contra-ataque e a luta livre (*jaiu kerougui*) sem regras de competição, utilizando-se de todos os recursos aprendidos. Este último tipo é bem menos praticado. Na maioria das academias brasileiras o treinamento de luta inicia-se na faixa amarela.

Em minha opinião, só devemos iniciar o treinamento de luta quando o aluno já tenha adquirido coordenação e agilidade para executar os chutes na altura certa e para executar bloqueios e esquivas.

Mestre Carlos Negrão acertando o oponente com um *miro tchagui*, durante uma competição.

Ho shin sul (defesa pessoal)

É o treinamento que prepara o praticante para reagir a ataques de golpes, de armas ou de agarramentos.

Carlos Negrão demonstra técnica de imobilização contra dois adversários.

Kiopa (quebramentos)

Treinar as técnicas de quebramento serve para desenvolver autoconfiança, técnica, agilidade, potência e precisão. Demonstrá-las em público, além de divulgar e promover a prática do Taekwondo, é muito bom para aumentar a concentração e autoestima do praticante.

Carlos Negrão demonstra um *sambal ap tchagui*. Auxiliando na demonstração, Eduardo Infante, Ha, Dong Kim e Rosângela Mendonça.

Iron (conhecimento teórico)

É a parte teórica de conhecimentos fundamentais que o praticante deve aprender em cada faixa. Tem como objetivo complementar a educação e formação nesta arte marcial.

Juramento do Taekwondo

Na maioria das academias no Brasil, antes de iniciar as aulas, os alunos repetem em voz alta "o juramento do Taekwondo". Ele é composto por 5 intenções de comportamento que os alunos se comprometem a seguir. Muitas academias possuem um quadro ou cartaz com o juramento escrito, e o conhecimento desse juramento pode ser cobrado nos exames de faixa.

A leitura do juramento funciona como uma declaração pública de respeito a um código de conduta e ajuda o praticante a memorizar e interiorizar estes valores.

> **EU PROMETO:**
> 1– Observar as regras do Taekwondo.
> 2– Respeitar o instrutor e meus superiores.
> 3– Nunca fazer mau uso do Taekwondo.
> 4– Ser campeão da liberdade e da justiça.
> 5– Construir um mundo mais pacífico.

Espírito do Taekwondo

O "Espírito do Taekwondo" é, na verdade, um conjunto de cinco conceitos ensinados em muitas academias brasileiras. O conhecimento destes itens, que devem nortear a conduta do praticante, pode ser perguntado durante o exame de faixa, e o aluno, de acordo com que o professor ensinou, deve conhecê-los e saber explicá-los: Cortesia, Integridade, Autocontrole, Perseverança, Espírito Indomável.

Treinamento mental

São técnicas complementares, inseridas no treinamento normal, para desenvolver aspectos mentais no praticante como autoestima, autoconfiança e autocontrole.

Crianças praticando meditação – Coreia.

Sistema de graduação

É a forma utilizada para organizar a evolução do aluno desde que inicia até se tornar professor ou mestre. Espalhados pelo mundo existem muitos modelos de graduação, criados de acordo com a cultura e a realidade de cada país. Na maioria dos casos, assim como no Brasil, o aluno inicia na faixa branca e, após passar por várias faixas, alcança a faixa preta. A partir daí, não muda mais a cor da faixa, mas apenas a sua graduação, que pode ir do primeiro até o décimo *dan* (considerada a graduação máxima no Taekwondo). Para atingir a faixa preta, o praticante precisa ter pelo menos quinze anos e treinar no mínimo dois anos e meio.

O Exame de faixa

De tempos em tempos, o praticante submete-se a uma avaliação e, se for aprovado, troca de faixa, passando para um nível mais avançado. É uma tradição no Taekwondo que os alunos sejam avaliados por um mestre acima de 4º *dan*, preferencialmente de outra academia, sem nenhum parentesco ou proximidade, para que a avaliação seja correta e justa, baseada exclusivamente no que o praticante consegue demonstrar. Durante os exames, o mestre examinador pede que os praticantes demonstrem tudo o que aprenderam naquela faixa e respondam oralmente a questões teóricas.

Entidades diretivas

São os organismos criados para organizar, padronizar e gerir o Taekwondo pelo mundo.

WTF (*World Taekwondo Federation* ou Federação Mundial de Taekwondo)
Foi criada no início da década de 70, na Coreia, para substituir a ITF na administração do Taekwondo mundial. Sua principal atuação é na gestão das competições internacionais como Jogos Olímpicos, Jogos Continentais, Campeonatos Mundiais etc. É a entidade reconhecida pelo Comitê Olímpico Internacional e pelos comitês olímpicos nacionais da maioria dos países como a entidade que representa a modalidade Taekwondo.

Kukkiwon
É a entidade ligada à WTF que regula, acompanha e estuda o desenvolvimento e ensino do Taekwondo pelo mundo. Seu histórico prédio, construído em 1972, é visitado por praticantes do mundo todo.

ITF (*International Taekwondo Federation* ou Federação Internacional de Taekwondo)

Foi a primeira federação mundial criada, nos anos 60, pelo General Choi Hong Hi. Ainda está ativa e possui federações filiadas em muitos países, inclusive no Brasil. Embora os ataques e defesas sejam os mesmos, utiliza metodologia e regras de competição diferentes da WTF e não é reconhecida pelo Comitê Olímpico Internacional como representante oficial da modalidade.

PATU (União Panamericana de Taekwondo)
É a entidade, ligada à WTF, que dirige o Taekwondo desportivo no continente pan-americano.

CBTKD (Confederação Brasileira de Taekwondo)
A pioneira e maior das entidades que administram o Taekwondo no Brasil. É filiada à WTF e à PATU, além de ser reconhecida pelo Comitê Olímpico Brasileiro como a representante oficial do Taekwondo no Brasil.

LNT (Liga Nacional de Taekwondo)
Entidade dissidente da CBTKD, com federações filiadas na maioria dos estados brasileiros e vinculada ao *Kukkiwon*. Organiza seus próprios campeonatos, exames de faixas etc.

Federações estaduais
São as entidades que administram a modalidade (Taekwondo) em cada estado do Brasil. Em geral estão ligadas a uma entidade nacional.

Onde se pratica Taekwondo

Associações ou clubes
São entidades com uma estrutura administrativa, com presidente e conselho fiscal, sem fins lucrativos, com o objetivo de fomentar a prática do Taekwondo. Em grupos de, pelo menos, três podem formar federações e ligas, que representem seus interesses.

Academias
São escolas onde se ensina o Takwondo sem, necessariamente, terem a estrutura de um clube, estatuto ou diretoria, podendo ter fins lucrativos.

Projetos sociais
São entidades, sem fins lucrativos, que utilizam a prática do Taekwondo para promover a inclusão social e fomentar o esporte.

Equipes
São grupos de atletas, em sua maioria, criados para competir, dar demonstrações ou apenas treinar juntos sob um mesmo nome ou marca.

Pessoal envolvido na estrutura do Taekwondo

Grão mestre (*kwanjanim*)
É o mestre com graduação à partir do 7º *dan*.

Mestre (*sabominim*)
É o faixa-preta com graduação à partir do 4º *dan*.

Professor (*kiosannim*)
É o faixa-preta capacitado para dar aulas com reconhecimento de uma federação oficial e representativa.

Árbitro
É o praticante acima da faixa vermelha/preta devidamente preparado e referendado pelas entidades competentes para atuar como árbitro nas competições das suas respectivas entidades.

Técnico
É o faixa-preta capacitado por uma federação estadual ou entidade nacional para dar treinamento específico e atuar como técnico nas competições.

Instrutor (*jokionim*)
É o praticante com graduação acima da faixa vermelha/preta, capacitado para dar aulas sob a responsabilidade e orientação do mestre ou professor.

Monitor
É o representante do mestre, professor ou instrutor para orientar os alunos na ausência dos mesmos.

Atleta
É o praticante preparado, apto e inscrito nas federações estaduais e nacionais para participar de competições oficiais.

Praticante
É todo aquele que treina Taekwondo. É o elo mais importante da corrente. É o que somos, desde a faixa branca até o último dia em que treinamos.

TAEKWONDO
FUNDAMENTAL

CAPÍTULO 2

ORIGENS DO TAEKWONDO

A Coreia e as artes marciais

A história da Coreia é repleta de citações sobre as artes marciais, mas elas só começaram a ser documentadas no chamado período dos três reinos (entre 18 a.C. e 935 d.C.). Nessa época, o território da península da Coreia, hoje dividida em Coreia do Sul e do Norte, estava dividido em três reinos, respectivamente: Paekche, Koguryu e Silla.

Tumba mortuária do Reino de Koguryo.

Historiadores descobriram e comprovaram que, nos três reinos citados, as artes marciais já eram praticadas, com maior ou menor prestígio e popularidade. Os constantes confrontos entre eles alimentavam sempre um investimento militar e tudo que dizia respeito a isso, inclusive treinamento marcial. Silla, o menor dos três reinos, montou o mais eficiente exército. Sua principal força estava em sua tropa de elite denominada Hwarang.

Os hwarangs eram tropas de elite do exército de Silla. Elas praticavam uma variação do Taekkyon (luta parecida com o Taekwondo atual, praticada na época), acrescida de inúmeras técnicas de preparação física e mental, como nadar em águas de rios turbulentos no inverno, escalar montanhas escarpadas, estudar a história do seu povo, entre outras. Além disto, elas seguiam um rígido código de honra, o Hwarang-do, comparado ao código de honra dos samurais japoneses, que pregava:

1. Obediência ao Rei;
2. Respeito aos pais;
3. Lealdade aos amigos;
4. Nunca recuar ante o inimigo;
5. Só matar quando não houver alternativa.

As tropas Hwarang causaram tal impacto na guerra entre os três reinos que Silla acabou unificando os reinos. A filosofia hawarang-do acabou influenciando toda a cultura coreana, em especial as artes marciais, entre elas o Taekwondo.

Dinastias Koryo e Chosun (Yi)

No decorrer dos séculos e dinastias que reinaram na Coreia, as artes marciais passaram por períodos de declínio e esplendor. Durante a dinastia Koryo (918 d.C. a 1392 d.C.), elas se tornaram muito populares e ganharam enorme prestígio.

Foto de crianças lutando, durante a Dinastia Chosun. Início do século XX.

Pintura de combate em festival entre vilas. Obra datada de 1800.

Pessoas de todas as classes passaram a praticá-las, e os mais talentosos eram frequentemente recompensados com cargos públicos, prêmios em dinheiro e prestígio em sua comunidade. Era comum, em festivais e festas populares, cidades e vilas levarem seus melhores lutadores para disputar torneios. Provavelmente, foi durante esse período que começou o interesse do povo coreano pelos torneios e campeonatos de artes marciais.

Já durante a Dinastia Chosun ou Yi, exceto por alguns curtos períodos, ou por alguns líderes, as artes marciais foram gradativamente perdendo prestígio. A maioria dos reis dessa dinastia, influenciados pelo budismo, idealizava o pacifismo e não dava importância à cultura militar e marcial. No início do século XX, quando o Japão resolveu invadir a Coreia, ela estava totalmente despreparada para reagir à invasão.

Ocupação japonesa

Em 1909, a Coreia foi invadida pelo exército japonês. Em 1910, os japoneses iniciaram o governo colonial liderado pelos generais do seu exército. Eles proibiram quase todas as atividades culturais coreanas e qualquer prática ou costume que pudesse fortalecer a identidade cultural, o patriotismo ou qualquer sentimento de resistência do povo daquele país.

Foi proibida toda e qualquer prática de artes marciais coreanas e, ao mesmo tempo, incentivada a prática das artes marciais japonesas. Estas imposições eram monitoradas pela polícia militar japonesa, que reprimia com rigor qualquer desobediência ou questionamento. Apesar da enorme repressão, houve os que continuaram a praticar e ensinar as artes marciais coreanas de forma clandestina, durante todo o período de ocupação. A maioria deles teve de mudar-se para regiões remotas da Coreia, abrigar-se em mosteiros budistas ou fugir para China.

Sem saber por quanto tempo duraria a ocupação, muitas famílias ricas e influentes, optaram por enviar seus filhos para estudar no Japão. Muitos desses jovens tomaram contato e praticaram artes marciais japonesas, em especial o karatê.

Em 1945, após ser derrotado na Segunda Guerra Mundial, o Japão abandonou a Coreia. Com a liberdade restaurada ao povo coreano, os praticantes das artes marciais coreanas puderam voltar a treinar livremente.

Influências externas

Com o fim da Segunda Guerra, o povo coreano estava entusiasmado em recuperar sua identidade cultural e, por essa razão, voltaram a praticar os estilos tradicionais de artes marciais coreanas, como o Soo Bak Do e o Taekkyon. Entretanto, durante os anos de domínio japonês, o povo coreano conheceu e incorporou outras culturas, em especial a cultura japonesa. Desta forma, duas tendências, embora contraditórias, foram determinantes na reestruturação das artes marciais coreanas: de um lado, o anseio por resgatar as antigas artes marciais coreanas, suas técnicas e seus conceitos e, por outro, a tendência de modernizá-las com os novos conhecimentos absorvidos de outras culturas.

Os que haviam vivido em templos budistas traziam elementos da filosofia zen e do taoísmo e os adaptavam às artes marciais. Os que se exilaram na China traziam as influências das artes chinesas e dos conceitos do confucio-

Praticante de Taekkyon.

nismo. Contudo, a maior influência veio da cultura japonesa. Os que foram para o Japão para estudar, e até alguns que foram presos, acabaram conhecendo e treinando as artes marciais japonesas, em especial o Karatê. De volta à Coreia, essa experiência teve grande influência na reconstrução das artes marciais coreanas.

Aula de Taekwondo, na Coreia, na década de 60 do século XX – treinamento muito semelhante ao do Karatê.

Ressurgimento das escolas tradicionais

Entre 1945 e 1946, surgiriam as cinco mais importantes escolas de artes marciais coreanas. Em Seul, surgiu a primeira das grandes escolas: a Chang Do Kwon, e, no mesmo ano, a Moo Duk Kwan. Ainda em 1945, a escola Yun Moo Kwan. Em 1946, Chang Moo Kwan, fortemente influenciada pelo Karatê, já que seu criador tinha vivido por vários anos no Japão e praticado aquela arte marcial. Por fim, a Chi Do Kwan. Estas cinco escolas, embora não sejam as únicas, constituem o substrato técnico das modernas artes marciais coreanas, em especial do Taekwondo.

Ao final da guerra da Coreia, nasce o Taekwondo

De 1950 a 1953, a península coreana foi palco de uma sangrenta guerra civil. A guerra foi travada entre os que defendiam uma revolução socialista, apoiados pela antiga União Soviética (URSS), estabelecidos no norte da península e, do outro lado, os que defendiam um regime capitalista, apoiados pelos Estados Unidos, estabelecidos no sul da península. Além de dividir o país ao meio, a guerra separou muitas famílias e devastou o sul e o norte.

Em 1953, o então presidente da Coreia, Rhee Syngman, pediu ao General Choi Hong Hee (especialista em artes marciais) que reunisse os principais mestres e elaborassem uma nova arte marcial para ser ensinada às forças armadas. A prática dessa nova arte deveria não só preparar os soldados para a luta corpo a corpo como desenvolver neles a autoconfiança, o patriotismo e a cidadania.

Nos dois anos que se seguiram, o General Choi dirigiu várias reuniões de estudos com os principais líderes dos Kwans. Unificar essas escolas e estilos não era tarefa fácil e, às vezes, ao invés de unificar, surgia a idéia de uma nova escola ou estilo.

Em 1955, após dois anos de estudos e acalorados debates, sob a coordenação do General Choi, foi escolhido o nome de Tae Soo Do para a nova arte marcial. Este nome não agradou a todos e, após longos debates, oficializou-se o nome de TAEKWONDO. Alguns mestres ainda não concordavam totalmente com a metodologia completa da nova arte e continuaram a utilizar os nomes e metodologias originais das suas escolas, como a Moo Du Kwan ou o Tang Su Do, por exemplo. Alguns anos depois, o governo coreano entendeu que a unificação era importante, oficializou o nome Taekwondo e convenceu todas as escolas do país a adotarem este nome.

A despeito dessas divergências, o Taekwondo foi muito bem aceito pelo povo coreano. Pouco tempo após ser instituído como prática para militares de todas as hierarquias passou, também, a ser ensinado em escolas e em academias particulares. De forma gradual, mas muito rapidamente, o Taekwondo foi inserido em todos os níveis escolares. Hoje, muitos historiadores e sociólogos coreanos creditam ao Taekwondo parte dos méritos pelo desenvolvimento da sociedade e do país, que passou de uma terra arrasada na década de 1950, a um país desenvolvido com uma das maiores economias do mundo.

Estruturação política e técnica do Taekwondo

Em 1961 foi criada a "Associação Tae Soo Do" que quatro anos depois mudaria seu nome para "Korea Taekwondo Association" (KTA), cujo objetivo era o de controlar a prática e o ensino do Taekwondo em todo o país. Na primeira metade dos anos 1960, um grande número de mestres imigrou para outros países e, em 1966, foi criada a International Taekwondo Federation (ITF) com o intuito de divulgar e controlar a prática do Taekwondo por todo o mundo. O General Choi Hong Hi, que era o presidente da KTA, assumiu também a presidência da ITF.

Apesar de ser uma figura emblemática, as opiniões do General Choi, não agradavam a todos. Dentro da Coreia, havia um grupo cada vez mais forte de mestres e dirigentes que queria modificar a administração da KTA e os rumos do Taekwondo. Em 1971, esse grupo venceu as eleições da KTA, elegendo o dirigente Dr. Un Yong Kim para presidente.

Os objetivos e as diretrizes da KTA e da ITF tornaram-se diferentes, e os desentendimentos se agravaram rapidamente. Em 1972, o General Choi, que estava na Malásia como embaixador, transferiu a sede da ITF para o Canadá. No mesmo ano, o governo da Coreia do Sul, muito descontente com a ida da ITF para outro país, estimulou os dirigentes da KTA e outros grandes mestres coreanos a criar uma nova entidade para administrar o Taekwondo mundial, a partir da Coreia.

Com total apoio do governo coreano, ainda em 1972, foi construído o KUKKIWON, um complexo desportivo totalmente dedicado ao Taekwondo. Logo após sua inauguração, em 1973, o ginásio do KUKKIWON foi sede do primeiro Campeonato Mundial de Taekwondo que reuniu equipes de muitos países. Ao término da competição, realizou-se uma assembléia para a criação da WTF, Federação Mundial de Taekwondo. Para seu presidente foi eleito o Dr. Un Yong Kim. No ano que se seguiu foram remodelados o currículo e a metodologia de ensino, dando maior ênfase ao aspecto desportivo. O prédio do KUKKIWON foi sede de muitos seminários internacionais e ficou conhecido para sempre como o quartel general do Taekwondo.

Prédio principal do Kukkiwon – Seul – Coreia.

Taekwondo sem fronteiras

Como já citamos anteriormente, desde a década de 1960, mestres coreanos estavam emigrando para outros países divulgando o Taekwondo e este processo só aumentou nas duas décadas seguintes. Nas décadas de 1960 e 1970, o Taekwondo chamou atenção e foi adotado por muitas forças armadas em todo o mundo, devido à sua eficiência como defesa pessoal e como ferramenta na formação do caráter dos praticantes. Porém, após a criação da WTF e o surgimento das competições internacionais, o Taekwondo conquistou um público muito maior, atraído, principalmente, pelo dinamismo de suas competições e pela beleza plástica de seus movimentos que em muito inspiraram e se parecem com as lutas dos filmes de artes marciais.

Ano após ano, o Taekwondo foi ganhando espaço como esporte, sendo introduzido nos principais eventos esportivos do planeta. Em 1988, em Seul, Coreia, participou como esporte de demonstração (que se distingue dos esportes oficiais, pelo fato de suas medalhas não serem computadas no quadro oficial de medalhas do evento). Além disto, uma demonstração de Taekwondo foi o ponto alto da cerimônia de abertura desses Jogos. Transmitida pela TV para todo o planeta, impressionou pela beleza de seus movimentos e pela exata coordenação dos participantes.

Demonstração na abertura dos Jogos Olímpicos de 1988 – Seul – Coreia.

Em 1992, nos Jogos Olímpicos de Barcelona, o Taekwondo foi incluído novamente como esporte de demonstração. O sucesso obtido nessas duas Olimpíadas abriu caminho para a inclusão do Taekwondo como esporte olímpico oficial nos Jogos Olímpicos de Sidney, Austrália, em 2000.

Taekwondo nos Jogos Olímpicos da Austrália – Sidney 2000.

Após a sua consagração como esporte olímpico o Taekwondo não parou de crescer e o seu desenvolvimento nos surpreende a cada ano. Em 2008, por exemplo, foi realizado o I Campeonato Mundial de *Pomse*, um dos pilares fundamentais do treinamento do Taekwondo, que vinha sendo relegado a um plano menos importante e até deixado de ser praticado, devido à ênfase dada à luta desportiva. O estabelecimento de competições internacionais valorizou e deu visibilidade aos que se dedicam ao treinamento deste fundamento. Na esteira desses fatos, reavivou-se o interesse pelo estudo e treinamento do *pomse*, a demanda por seminários, livros, vídeos e outros instrumentos que possibilitem uma nova padronização e atualização dos conceitos e treinamentos.

Também a luta desportiva não parou de desenvolver-se após tornar-se olímpica. Pelo contrário, todos os anos vemos novos incrementos que buscam tornar as competições mais dinâmicas e interessantes a um maior número de pessoas. As novas regras permitem a utilização de gravações em vídeo para tirar dúvidas durante as lutas e a utilização de coletes eletrônicos que possibilitam a pontuação automática dos golpes válidos. Com esses avanços, os critérios para pontuação tornaram-se mais objetivos e menos dependentes da interpretação dos árbitros. E isto parece ser só o começo, já que muitos outros dispositivos estão sendo testados.

Ano após ano, o Taekwondo vai expandindo suas fronteiras, conquistando novos adeptos e tornando-se um esporte marcial global, como seus criadores jamais poderiam imaginar.

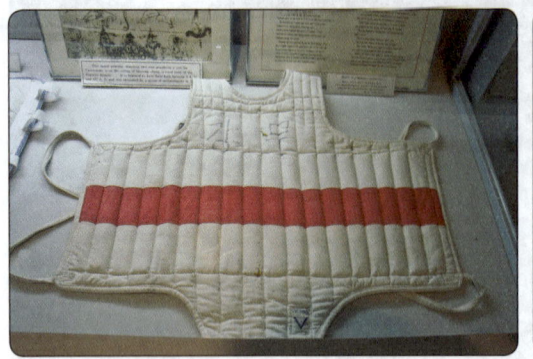

Colete protetor de tórax, utilizado nas primeiras competições.

Colete protetor de tórax. Modelo eletrônico, utilizado nas competições atuais.

O Taekwondo e a Coreia

A Coreia do Sul de hoje em nada lembra a terra devastada pela guerra dos anos 1950. Toda a destruição, a pobreza e a baixa autoestima do pós-guerra foi superada. Seus governantes fizeram a corajosa opção de investir seus poucos recursos na educação e, lentamente, como são os processos de recuperação sustentável, o país cresceu. A Coreia hoje é um país rico, com baixíssimos índices de violência, e com um dos melhores sistemas de ensino do planeta.

O povo coreano é altamente politizado, exerce vigilância constante e intensa sobre suas instituições e seus políticos, e se manifesta com veemência para reivindicar seus direitos ou reclamar contra o que julga injusto. E o Taekwondo tem tudo a ver com isto. Muitos historiadores e sociólogos coreanos creditam ao Taekwondo parte dos méritos pelo desenvolvimento da sociedade e do país. Avaliam que foi uma excepcional ferramenta de educação no país, que passou da precariedade geral, a um dos maiores índices de desenvolvimento humano do planeta, em menos de cinquenta anos.

Taekwondo no Brasil

Os pioneiros

No final da década de 1960 já havia coreanos em atividade no nosso país. O professor, Jung Do Lim, por exemplo, começou a ensinar em 1969 na pequena cidade de Cruz das Almas, interior da Bahia. Oficialmente, porém, Mestre Sang Min Cho é considerado o introdutor do Taekwondo no Brasil. Ele chegou ao País em 1970, com o aval da ITF e do governo sul-coreano, que o enviou em missão oficial, para divulgar e ensinar o Taekwondo.

Na Coreia, o Mestre Sang Ming Cho ocupou importantes cargos de ensino e comando de tropas militares, sob a supervisão direta do General Choi Hong Hi. Fez parte de uma das primeiras turmas de instrutores preparados e enviados ao exterior para divulgar o Taekwondo. No Brasil, ele inaugurou a primeira academia, em agosto de 1970, no bairro da Liberdade, em São Paulo.

Nos dois anos que se seguiram, outros grandes mestres chegaram ao Brasil, alguns também formados nas turmas de instrutores internacionais. Entre eles: Kum Joon Kwon, Sang In Kim, Woo Jae Lee, Gum Mo Bang e Kwang Soo Shin.

Mestre Sang Ming Cho executando demonstração de quebramento em 1979 – Santos – SP.

Mestres pioneiros no Brasil realizam demonstração em 1971 - Londrina- PR. Da esquerda para a direita: Ku Han Kim, Sang In Kim, Woo Jae Lee, Sang Ming Cho, Kun Joon Kwon e Kwang Soo Shin.

Durante a década de 1970 outros grandes mestres chegariam ao Brasil, entre eles: Yong Min Kim, Joo Yul Oh, Te Bo Lee, Chang Seon Lim, Jung Roul Kim, Bong Suh Park, Kee Joon Lee, Soong Myung Choi, Yeong Hwan Park, Nam Ho Lee, Jae Kyu Chung, Hui Sub Lee, Sung Jang Hong, Kiong Su Han, Myong Jae Han. Dentro de uma inteligente estratégia, foram se estabelecendo em estados e regiões diferentes do Brasil, e divulgando o Taekwondo por todo o País.

Os dois polos que concentraram o maior número de mestres, e consequentemente tiveram um desenvolvimento mais rápido, foram as cidades de São Paulo e do Rio de Janeiro. São Paulo, com a maior colônia coreana do Brasil, concentrou o maior número de mestres, de academias e de praticantes. No Rio de Janeiro, o mestre Woo Jae Lee, auxiliado por Yong Min Kim, Nam Ho Lee e outros, desenvolveu um grande trabalho de divulgação, inclusive lançando uma das primeiras revistas de artes marciais do País e o primeiro livro de Taekwondo. Além dos já citados, o mestre Jung Roul Kim também fazia um consistente trabalho de ensino em sua academia no Rio de Janeiro.

Capa da revista "DÔ", edição de 1979. Mestre Yong Min Kim e Nan Ho Lee.

A década de 1980

No início da década de 1980 o Taekwondo se expandia a todo vapor, não só devido ao trabalho pioneiro dos mestres introdutores, mas também ao de jovens mestres brasileiros. Em São Paulo, os jovens irmãos Kim (Yeo Jun e Yeo Jin) adotaram uma nova (e agressiva) forma de trabalho, divulgação, e administração de academia. Com equipes de competição e demonstração, treinando e fazendo demonstrações permanentemente, divulgavam o Taekwondo e seu próprio trabalho, em todos os locais possíveis.

Equipe de competição e demonstração da Academia Liberdade – 1983. Em baixo, da esquerda para a direita: Do Ki Kwon, Donizette da Silva, Carlos Negrão, Ha, Chung Choul Lee, Dong Kim, Inácio Kim e Leandro Gomes. Em cima, da direita para a esquerda: Yeo Jun Kim (em pé), Choi Seung Min, Choi Jun Shik, Kun Joon Kwon, Sang Min Cho, Ke Joon Lee e Pyon.

No Rio, Yong Min Kim, dono de uma grande capacidade técnica e de grande carisma, dava aulas de Taekwondo na TV e tornou-se personagem de revista em quadrinhos, o que ajudou muito a divulgar a modalidade.

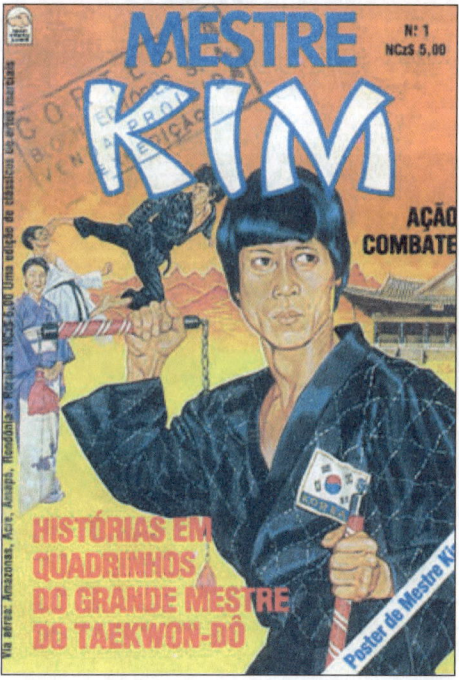

Capa do gibi do mestre Kim. Edição de 1990.

Um grande marco nos anos 1980 foi a vinda da seleção coreana para o lendário desafio Brasil × Coreia. Essa competição permitiu aos mestres, professores e atletas brasileiros avaliar a enorme defasagem técnica que nos separava da então melhor equipe do mundo. Esse evento foi um divisor de águas, sendo diretamente responsável por uma grande mudança, incentivando a modernização da nossa metodologia de ensino e treinamento. Abaixo, nomes de alguns atletas que integraram as equipes, naquele encontro histórico:

BRASIL	COREIA
Martinho Oliveira	Joon Han
Mauro Hideki	Ki Ho Kim
Manoel de Almeida	Myung Sik Yo
Marcos Rezende	Yong Jung
Adalberto Pajuaba	Bong Kwon Park
Carlos Loddo	Jong Chil Yoo
Carlos Negrão	Kang Sik Lee
Carlos Fernandes	Ul Hwan Chang
Cláudio Sidnei Lopes	Jeong Jin Lee
Gilberto Souto Maior	Wook Sang Roh
Técnico:	Técnico:
Seong Myung Choi	Lee Seung Kok

Carlos Negrão lutando no Encontro Brasil × Coreia – 1984.

Confraternização entre as equipes do encontro Brasil x Coreia e a equipe infantil de demonstração da Academia Liberdade – 1984.

Em quase todo o Brasil, mestres, professores e atletas destacavam-se no cenário desportivo. Pernambuco e Distrito Federal foram dois exemplos claros. Em Recife, mestre Oh Joo Yul, considerado um dos melhores técnicos da Coreia do início dos anos 1970, formou excelentes atletas na primeira metade da década de 1980 e apresentou um novo modelo de treinamento voltado para a competição. Em 1986 veio para São Paulo, onde lançou a revista Taekwondo News, antes de mudar-se para os EUA.

Brasília também foi um celeiro de grandes atletas na década de 1980, entre eles Carlos Eduardo Loddo, Gilberto Souto Maior e Jorge Gonçalves.

Da esquerda para a direita, ajoelhados: Carlos Negrão, Jorge Gonçalves (Jorginho) e Carlos Eduardo Loddo. Em pé, Joo Yul Oh, Gilberto Souto Maior, Luiz Henrique e César – foto de 1987.

A década de 1990

Participações em competições e intercâmbios internacionais ajudaram para que vários atletas brasileiros despontassem no cenário internacional, na primeira metade da década de 1990. Entre eles, o mais popular foi Milton Iwama. Miltinho, como ficou conhecido, já competia desde a década anterior e atingiu seu ápice na primeira metade dos anos 1990.

Na segunda metade daquela década, um número ainda maior de atletas (principalmente de São Paulo) destacou-se dentro e fora do País. Mas, agora, um novo elemento ganhava destaque: os técnicos.

Equipe brasileira em visita ao Kukkiwon – Seul – Coreia. Da esquerda para a direita, em pé: Viviane Felicíssimo, Rosângela Mendonça, Valquíria, Yeo Jun Kim, Dong e In Kyu Lee. Ajoelhados: "Marcão", Fábio Goulart, Carlos Negrão, Fernando Cariri e Milton Iwama ("Miltinho"). Foto de 1989.

Vivenciei intensamente essa época. Em 1990, após quarenta dias treinando na Coreia, elaborei um sistema de treinamento, bastante inovador para os padrões brasileiros da época. Minha ideia foi adaptar o sistema de treinamento das universidades da Coreia para a realidade das academias brasileiras. No decorrer da década tentei desenvolver meu sistema, na medida em que conheci e estudei outros modelos como o cubano e o espanhol. Contribuiu muito para o sucesso de meu trabalho poder trabalhar com uma geração de atletas excepcionais nas equipes que treinei.

Pan-Americano Juvenil (EUA 1996): Da esquerda para a direita em pé: mestre Oh, Faberson Morciani, Djan Guidini, Pedro Moura, o técnico Carlos Negrão. Agachados: Guilherme Mazoni e os irmãos Alexandre e Rodrigo Takahashi (todos campeões).

Seleção Paulista Adulta Campeã Brasileira de 1994: Da esquerda para a direita, em pé: Marcelo Zazera, Aguinaldo Vicente, Carlos Costa, Faberson Morciani, técnico Carlos Negrão. Agachados: Guilherme Mazoni, Moacir Cunha, Marcio Eugênio, Alyson Yamagutti e André Yamaguti.

A dedicação e confiança desse formidável grupo de atletas, e um trabalho árduo, durante anos, permitiram-me obter um número recorde de conquistas nacionais e internacionais e dar minha contribuição para a formação de um novo modelo brasileiro de treinamento e de trabalho técnico.

A segunda metade da década de 1990 revelou também outros técnicos e atletas, por todo o Brasil.

Mestre Carlos Negrão e a atleta Leonildes Santos – Campeonato Mundial – luta final – 1995.

Século XXI

A passagem do século XX, para o século XXI, foi muito feliz para o Taekwondo mundial e brasileiro. Nos Jogos Olímpicos de Sidney, em 2000, a arte marcial coreana participava, pela primeira vez, como esporte olímpico oficial. Finalmente se realizava o sonho de milhares de praticantes por todo o mundo. Junto com a atleta Carmem Carolina representei o Brasil nesse evento histórico.

Atleta Carmem Carolina treina com o técnico Carlos Negrão, na véspera da sua estreia nos Jogos Olímpicos de Sidney – Austrália – 2000.

O início do século XXI ainda traria grandes conquistas para o Taekwondo mundial e, em especial, para o brasileiro. O nosso país participaria, cada vez com mais destaque, dos Jogos Olímpicos, dos Jogos Pan-Americanos e de muitas outras competições internacionais.

Da esquerda para a direita: Débora Nunes, Carlos Negrão (técnico), Márcio Wenceslau, Pan Sun Chan e Natália Falavigna. Vila Olímpica – Pequim – 2008.

Nessa década vitoriosa, muitos foram os personagens de destaque, que contribuíram para a modernização da modalidade no Brasil: dirigentes, técnicos, treinadores, árbitros, atletas, preparadores físicos e outros profissionais ligados ao Taekwondo.

O futuro é agora

A década de 2010 iniciou-se grandiosa para nossa modalidade. O ensino e o treinamento do Taekwondo extrapolaram os limites das academias e hoje se encontram inseridos nos clubes, escolas, universidades, projetos sociais, quartéis etc.

As competições nacionais, que antes se realizavam apenas entre academias e seleções estaduais, passaram a envolver escolas, universidades, grandes clubes e cidades. Competições internacionais são transmitidas em horários nobres, nos principais canais de TV. Nossas entidades captam recursos através dos muitos mecanismos existentes e nossos atletas são beneficiados com bolsas municipais, estaduais e federais. Enfim, no Brasil, o Taekwondo ganhou uma nova dimensão. Este sucesso pertence a todos: dos mestres pioneiros que tiveram a coragem de escolher nosso país para ensinar, aos mais modestos professores que ensinaram e ensinam o Taekwondo nos mais remotos pontos do País.

Da esquerda para a direita, em pé: Fabio Goulart, Aguinaldo Vicente, Wallace Aires, Carlos Costa, Lee Sin Hwa (delegado), Yong Min Kim (chefe da delegação), Carlos Negrão (técnico), Alisson Yamaguti, Márcio Eugênio, Marcel Wenceslau, Clóvis Aires (técnico), José Palermo (técnico) e Mauro Hideki. Sentados: Soraia Dibo, Marrianne Hormann, Karina Couzemenco, Ana Paula França, Aparecida Santana e Carmem Carolina. Campeonato Mundial – Canadá – 1999.

TAEKWONDO FUNDAMENTAL

CAPÍTULO 3

METODOLOGIA

A PARTIR DA DÉCADA DE 1960, quando o Taekwondo foi levado para fora da Coreia, já possuía uma metodologia de ensino bastante moderna, comparada à de outras artes marciais da época. Porém, o grande número de novos adeptos, principalmente crianças e jovens ocidentais, com valores muito diferentes dos coreanos, gerou uma demanda por um novo sistema de ensino. Era difícil aos ocidentais compreenderem um processo de aprendizado longo e sem tempo determinado para acabar. Para facilitar o ensino e tornar a prática mais atraente, foram criadas diferentes metodologias.

Metodologia brasileira

Embora possuíssem um grande conhecimento marcial, os primeiros mestres que chegaram ao Brasil tiveram grandes dificuldades para transmitir seus ensinamentos. Além de não falarem nosso idioma, era muito difícil ensinar conceitos tão diferentes dos valores brasileiros. Os mestres trabalharam duro, dando aulas e fazendo muitas demonstrações.

Porém, antes que tivessem transmitido todo seu grande conhecimento aos professores brasileiros, aconteceu uma grande mudança no Taekwondo em todo o mundo. A recém-criada WTF adotou oficialmente o estilo denominado "Kukkiwon", descartando totalmente o estilo Chang-Hun Ryu, utilizado pela ITF e ensinado no Brasil até então.

Os mestres coreanos radicados no Brasil, profundos conhecedores do estilo Chang-Hun Ryu, ficaram na difícil situação de ter de escolher entre permanecer ligados à ITF e continuar ensinando o seu estilo original ou alinharem-se à WTF, apoiada pelo governo da Coreia do Sul, e adaptar-se ao novo estilo KUKKIWON. Como a pressão vinda da Coreia era muito grande, a quase totalidade dos mestres coreanos acabou, gradativamente, cedendo e aderindo à WTF. Por sua vez, a grande maioria dos professores brasileiros que ainda eram primeiro ou segundo *dan*, e estavam aprendendo o estilo Chang Hun Ryu, também começaram a aprender, pouco a pouco, o novo estilo.

Visita do General Choi Hong Hi ao Brasil, Academia Liberdade – São Paulo-SP – 1973. Marcados com os números: 1 – Mestre Kun Joon Kwon; 3 – Mestre Sang Ming Cho; 4 – General Choi Hong Hi; 5 – Mestre Gun Mo Bang; 6 – Mestre Sang in Kim; 7 – Mestre Hui Sub Lee.

O estilo Kukkiwon foi sendo adotado aos poucos, muito lentamente. Para termos uma ideia, até o final da década de 1980, muitas academias ainda não treinavam os *taeguks* e usavam a nomenclatura antiga, mesmo já estando oficialmente filiadas à WTF. Esta situação impediu que se criasse uma metodologia unificada em todo o País, e até hoje o currículo e a metodologia diferem muito de região para região e de academia para academia.

Neste livro, apresento o modelo de ensino que desenvolvi, baseado no que aprendi com meus mestres, no que aprendi com amigos mestres contemporâneos e no que aprendi com jovens mestres e professores, entre eles, meus alunos.

Graduação

A partir da graduação de faixas utilizada na Coreia na década de 1960, com três ou quatro cores, foram criadas centenas de outras hierarquias de cores e graduações, de acordo com as circunstâncias e cultura de cada país.

No Brasil, os mestres pioneiros elaboraram um sistema de graduação que vai da faixa branca à faixa preta, composto por dez graduações (*gubs*), sendo cinco divisões principais (com faixas de cores definidas: branca, amarela, verde, azul e vermelha) e 5 graduações intermediárias (com faixas de cores misturadas). O livro "Aprenda Taekwondo", do Mestre Woo Jae Lee, oficializou e divulgou este sistema que é o mais utilizado em nosso país, até hoje. O tempo que o praticante leva para atingir a faixa preta varia muito, oscilando entre dois anos e meio a quatro anos. Independentemente desse tempo, há um consenso, em quase todo o mundo, de que a idade mínima para atingir a faixa preta deva ser de 15 anos.

Na Coreia e em muitos países, crianças com menos de quinze anos podem, no máximo, chegar a uma faixa preta e vermelha denominada graduação "*poom*". Quando atingirem 15 anos, os praticantes submetem-se a um novo exame e, se aprovados, trocam sua graduação "poom" por "*dan*". A partir da faixa preta, a graduação é definida pelo "*dan*". Todo praticante que atinge a faixa preta é primeiro *dan*. O décimo *dan* é considerado a graduação máxima.

MODELOS DE GRADUAÇÃO (FAIXAS)			
MODELO OFICIAL BRASILEIRO 1972	MODELO COREANO 1986	VARIAÇÕES DOS ANOS 1990 BRASIL	VARIAÇÕES ATUAIS BRASIL
BRANCA – 10º *GUB*	BRANCA	BRANCA	BRANCA
BRANCA/AMARELA – 9º *GUB*		CINZA – 9º *GUB*	CINZA
			LARANJA
			ROXA
			MARRON
AMARELA – 8º *GUB*	AMARELA	AMARELA	AMARELA
AMARELA/VERDE – 7º *GUB*		LARANJA	AMARELA/VERDE
			VERDE/AMARELA
VERDE – 6º *GUB*	VERDE – 1 LINHA	VERDE	VERDE
VERDE/AZUL – 5º *GUB*	VERDE – 2 LINHAS	ROXA	VERDE/AZUL
			AZUL/VERDE
AZUL – 4º *GUB*	AZUL – 1 LINHA	AZUL	AZUL
AZUL/VERMELHA – 3º *GUB*	AZUL – 2 LINHAS	MARRON	AZUL/VERMELHA
			VERMELHA/AZUL
VERMELHA – 2º *GUB*	VERMELHA – 1 LINHA	VERMELHA	VERMELHA
VERMELHA/PRETA – 1º *GUB*	VERMELHA – 2 LINHAS	VERMELHA/PRETA	VERMELHA/PRETA
1º *POOM* INFANTIL	1º *POOM* INFANTIL	CANDIDATO À PRETA	1º *POOM* INFANTIL
FAIXA PRETA – 1º *DAN*	FAIXA PRETA – 1º *DAN*	FAIXA PRETA – 1º *DAN*	FAIXA PRETA – 1º *DAN*

No quadro acima, apresentamos quatro modelos de graduação, para que o leitor possa comparar e entender:

1. O modelo da primeira coluna foi criado pelos mestres pioneiros no Brasil, na década de 1970, e ainda é o mais utilizado em nosso país.
2. O modelo da segunda coluna foi oficialmente apresentado no livro TAEKWONDO (*Basic Techinics & Taeguk Poomse*) do mestre Jeong Rok Kim, em 1986 (livro reconhecido e indicado pelo Kukkiwon).
3. O modelo da terceira coluna apresenta variações surgidas em diversas academias no Brasil, na década de 1990.
4. O modelo da quarta coluna reúne novidades introduzidas, nos últimos anos, para atender a um novo público: crianças que iniciam o Taekwondo muito cedo e fazem apenas uma aula por semana. Com poucas horas de aula semanais elas demoram mais para aprender o conteúdo técnico de cada etapa, entretanto, precisam trocar de faixa para sentirem-se motivadas. A solução encontrada pelos mestres e professores foi a subdivisão do conhecimento em um número maior de faixas, para garantir que as crianças troquem de faixa ao menos uma vez por semestre e que cheguem às faixas tradicionais com conhecimento e técnica necessárias.

Os mestres pioneiros elaboraram um ótimo sistema de graduação. Prova disto é que é o mais usado até hoje. Porém, diante da realidade atual, na qual o Taekwondo é praticado fora das academias, com um volume de aulas muito menor, é compreensível que os professores façam adaptações, desde que não comprometam o resultado final.

Em qualquer sistema que se adote, o importante não é o número de faixas (etapas) ou tempo para avançar para outra, mas sim o critério e o bom senso do professor e do examinador. Eles devem estar atentos para verificar se o praticante realmente consegue demonstrar o que aprendeu e se possui maturidade para ostentar a nova graduação.

Na grande maioria dos casos, em alunos que trocam de faixa sem estarem preparados, a ansiedade e a alegria pela conquista acabam transformando-se em frustração e baixa autoestima com a percepção do não merecimento e da própria incapacidade. Muitos, inclusive, acabam abandonando os treinos, o que é ruim para todos.

Graduação acima da faixa vermelha/preta

VERMELHA/PRETA	1º GUB	(GRADUAÇÃO MÁXIMA ATÉ 15 ANOS EM VÁRIOS PAÍSES)
PRETA	1º DAN	
PRETA	2º DAN	
PRETA	3º DAN	
PRETA	4º DAN	MESTRE (PODE PROMOVER EXAME DE FAIXAS COLORIDAS)
PRETA	5º DAN	
PRETA	6º DAN	
PRETA	7º DAN	GRÃO-MESTRE (PODE DAR EXAME ATÉ 6º DAN)
PRETA	8º DAN	
PRETA	9º DAN	
PRETA	10º DAN	

Ensino gradual

Na grande maioria das academias brasileiras ensina-se, a partir da faixa amarela, um *pomse* por faixa, iniciando com o *teaguk il jang*. Já para o ensino do *kibon donjack*, das técnicas de defesa pessoal, e principalmente dos chutes, não há, em nosso país, um modelo didático padronizado. Muitas academias não têm nenhum critério elaborado para ensinar os chutes, e outras simplesmente não praticam *kibon donjack*, defesa pessoal, técnicas de quebramento etc.

Penso que essa redução, embora possa parecer prática e eficiente, no sentido de dar mais tempo para o ensino da competição, pode empobrecer o conteúdo do ensino e prejudicar o desenvolvimento global do praticante.

Kibon donjack

Até a primeira metade da década de 1980, treinava se muito *kibon donjack* (treinamento dos movimentos – ataques e defesas). Passávamos boa parte das aulas treinando movimentos de ataque e defesa e corrigindo todos os detalhes de execução e postura. Algumas academias pintavam linhas brancas no chão para treinarmos a exata posição dos pés em cada base. No entanto, com a crescente valorização do treinamento de competição desportiva, o treinamento de *kibon donjack* e outros tipos de treinamento foram perdendo espaço nas aulas.

Com o crescimento das competições de *pomse*, o treinamento de *kibon donjack* está sendo retomado e a grande maioria dos professores necessita de orientação para que possam elaborar um método de ensino de um tipo de treinamento que pouco praticaram durante seus anos de alunos. Sugiro aos que desejam treinar *kibon donjack*, algumas regras básicas:

- Estudar, treinar e aperfeiçoar a execução de cada ataque e defesa do *pomse* da sua faixa;
- Saber o que está fazendo quando executa uma defesa ou ataque, o porquê de cada gesto e em que circunstâncias práticas poderá utilizar aquele movimento;
- Não trocar de faixa enquanto não souber executar, com perfeição, os ataques e contra-ataques que já lhe foram ensinados.

Se ensinado, de maneira dinâmica e estimulante, o treinamento do *kibon donjack* desenvolve a coordenação motora, a noção de lateralidade e a consciência corporal.

TREINO DE KIBON DONJACK PARA TODAS AS FAIXAS		
FAIXA BRANCA (3 posições)	10º GUB	Narani montong tirigui / juntchum montong tirigui / ap kubi montong tirigui
FAIXA BRANCA/AMARELA (3 posições)	9º GUB	Ap kubi are maki / ap kubi montong bakat maki / ap kubi montong baro tirigui
FAIXA AMARELA (6 posições)	8º GUB	Ap sogui montong tirigui / ap sogui montong baro tirigui / ap sogui are maki / ap sogui olgul maki / ap sogui moton maki / ap sogui montong as maki /
FAIXA AMARELA/VERDE (6 posições)	7º GUB	Ap kubi olgul tirigui / ap kubi dun jumok olgul aptiki / ap kubi olgul maki / ap kubi montong maki / ap kubi montong an maki / ap kubi olgul bakat maki
FAIXA VERDE (6 posições)	6º GUB	Ap sogui ran sonal mok tiki / digubi sonal montong maki / digubi ran sonal montong maki / digubi montong maki / digubi montong as maki / digubi montong bakat maki
FAIXA VERDE/AZUL (6 posições)	5º GUB	Ap sogui mejumok nerio tiki / ap sogui dun jumok bakat tiki / ap kubi pyonson-kut seo tiki / ap kubi jebipon mok tiki / ap kubi palkub tolho tiki / ap kubi palkub piojo tiki
FAIXA AZUL (5 posições e 1 opcional)	4º GUB	Digubi sonal are maki / dikoa sogui dun jumok olgul ap tiki / dikoa sogui jetcho tirigui / ap kubi ran sonal pitro maki / ap kubi batanson montong maki / opcional: narani retcho maki
FAIXA AZUL/VERMELHA (5 posições e 1 opcional)	3º GUB	Bom sogui sonal montong maki / bom sogui montong maki / bom sogui batanson montong maki / bom sogui batanson montong an maki / bom sogui goduro montong an maki dun jumok olgul ap tiki / opcional: moa sogui bo jumok
FAIXA VERMELHA (6 posições)	2º GUB	Ap kubi dubon kaio maki / ap kubi montong retcho maki / ap kubi otgoro are maki / juntchum palkub piojo tiki / juntchum ran sonal montong yop maki / juntchum yop tirigui
FAIXA VERMELHA/PRETA (5 posições)	1º GUB	Digubi goduro maki / digubi goduro are maki / ap kubi santul maki / ap kubi dan-kiotok tirigui

Chutes

Existem chutes mais simples e outros mais complexos que englobam os primeiros. Explicando melhor, existem chutes em que temos de flexionar a perna antes de aplicá-lo (ex. *ap tchagui*). Outros que temos de, além de flexionar a perna, executar uma rotação de quadril simultaneamente à flexão da perna (*bandal*). E outros, ainda, que temos de fazer esses mesmos movimentos no ar. Portanto, se forem ensinados numa ordem gradual de complexidade, podemos, obviamente, facilitar e agilizar o aprendizado. Devemos, por exemplo, ensinar o *ap tchagui* antes do *bandal* e do *tolho*. O *yop tchagui* antes do *tit tchagui*, o *furio tchagui* antes do *mondolio tchagui* etc.

Durante meus anos de ensino, elaborei vários modelos de currículos para cada faixa, adaptando-os às turmas de alunos e seus respectivos objetivos. Esses diferentes currículos foram criados, levando em consideração que um grupo de senhoras da terceira idade deve ter um currículo diferente de um grupo de adolescentes que pretendem competir. Para exemplificar melhor apresento 3 modelos de ensino para 3 turmas diferentes de alunos:

Modelo 1: Básico, enquadrando-se melhor para uma turma de alunos de várias idades e sem um objetivo específico.

Modelo 2: Elaborado para um grupo de atletas infantis que competem, levando em conta que no Brasil boa parte dos estados estabelecem regras que proíbem atletas iniciantes de chutarem no rosto nas competições. Neste caso podemos adiar o ensino das técnicas de chutes altos.

Modelo 3: Elaborado para um grupo de atleta jovens, com grande potencial técnico, e que participam de demonstrações. Para praticantes com este perfil e objetivo devemos ensinar, desde cedo, porém de forma gradual, técnicas de chute com maior grau de dificuldade.

Esses três modelos não devem ser tomados como padrão para qualquer academia turma ou equipe. Como o nome deixa claro, são apenas modelos que podem e devem ser modificados de acordo com o objetivo, características dos alunos, local de treinamento etc.

MODELOS DE CURRÍCULOS DE CHUTES PARA DIFERENTES GRUPOS DE ALUNOS

FAIXAS	MODELO 1	MODELO 2 (competição)	MODELO 3 (demonstração)
BRANCA	• Ap oligui • Ap tchagui	• Ap tchagui • Miro tchagui	• Ap oligui • Ap tchagui • Timio ap oligui
BRANCA/AMARELA	• An tchagui • Bakat tchagui	• Bandal tchagui • Yop tchagui	• An tchagui • Bakat tchagui • Timio ap tchagui
AMARELA	• Bandal tchagui • Miro tchagui	• Tolgue tchagui • Tit tchagui	• Bandal tchagui • Miro tchagui • Timio dubal ap tchagui
AMARELA/VERDE	• Tolho tchagui • Yop tchagui	• Dubal tchagui • e soco	• Tolho tchagui • Yop Tchagui • Timio Miro tchagui
VERDE	• Tolgue tchagui • Tit tchagui	• Tolho tchagui • An tchagui	• Tolgue tchagui • Tit tchagui • Timio Yop tchagui
VERDE/AZUL	• Dubal tchagui • Nerio tchagui	• Dubal tolho tchagui • Bakat tchagui	• Dubal tchagui • Nerio tchagui • Timio yop tchagui/tirigui
AZUL	• Pitro tchagui • Furio tchagui	• Furio tchagui • Nerio tchagui	• Pitro tchagui • Furio tchagui • Timio olgul tolgue tchagui
AZUL/VERMELHA	• Mondolio tchagui • Dubal tolho tchagui	• Mondolio tchagui • Timio miro tchagui	• Mondolio tchagui • Dubal tolho tchagui • Sambal tchagui (pernas abertas)
VERMELHA	• Timio ap tchagui • Timio yop tchagui	• Timio tit tchagui • Timio bakat tchagui	• Timio tora tit tchagui • Sambal tchagui (pernas fechadas)
VERMELHA/PRETA	• Timio mondolio • Outros chutes com saltos	• Timio tora tit tchagui • Tora mondolio tchagui	• Kaiou tchagui • Timio tora mondolio • Outros chutes com saltos

Como explicamos anteriormente, vários chutes são aprimoramentos de outros chutes já existentes. Por exemplo, existem vários tipos de *timio ap tchagui*. A seguir, mostramos apenas dois deles, como exemplos:

TIMIO DUBAL AP TCHAGUI CONSECUTIVO — normalmente é ensinado aos principiantes. Consiste em chutar primeiro com um pé e antes que este chute caia dar um segundo *ap tchagui*, mais alto, com a outra perna.

TIMIO DUBAL AP TCHAGUI SIMULTÂNEO — por ser mais difícil, normalmente, é ensinado aos praticantes mais avançados. Consiste em executar dois *ap tchaguis*, simultâneamente, com as pernas abertas.

Pomse (sequência de movimentos)

O *pomse* é um método de treinamento do Taekwondo, no qual praticamos movimentos de ataque e defesa contra um adversário imaginário. Os *pomses* foram idealizados para que o praticante pudesse desenvolver técnicas de ataque e defesa sem necessidade de um adversário real.

O treinamento do *pomse* desenvolve o controle respiratório, a coordenação motora, o equilíbrio, a flexibilidade e a força, e todos os músculos do corpo. Nas crianças, em especial, o treinamento de *pomse* desenvolve a capacidade de concentração, autoconfiança e determinação. Após desenvolver-se e tornar-se hábil nos *pomses*, o praticante terá mais facilidade para aprender técnicas de steps de competição, técnicas de defesa pessoal e técnicas de demonstração.

Os *Taeguks*

A palavra "*taeguk*" (pronuncia-se têgu) tem várias interpretações possíveis, mas talvez baste para os iniciantes saber que os *taeguks* são sequências de movimentos de ataque e defesa criados com base em conceitos provenientes das culturas orientais. Devemos aprender o conceito que orienta cada *pomse* e, quando formos executá-lo, devemos refletir em nossos movimentos o próprio objetivo do *pomse* (céu, fogo, vento, água etc.).

No Brasil, há uma razoável padronização do ensino do *pomse*, sendo que na maioria das academias ensina-se o *pomse il jang* na faixa amarela e, a partir daí, um novo *pomse* por faixa. A maior variação está no que se ensina na faixa branca e na faixa branca/amarela ou na graduação correspondente a esta última.

MODELO DE DISTRIBUIÇÃO DO ENSINO DOS *POMSES* POR FAIXAS		
FAIXA	GUB	POMSE
BRANCA	10° GUB	Saju tirigui / saju are maki
BRANCA/AMARELA	9° GUB	Saju pomse
AMARELA	8° GUB	Taeguk il jang
AMARELA/VERDE	7° GUB	Taeguk i jang
VERDE	6° GUB	Taeguk sam jang
VERDE/AZUL	5° GUB	Taeguk sa jang
AZUL	4° GUB	Taeguk oh jang
AZUL/VERMELHA	3° GUB	Taeguk yuk jang
VERMELHA	2° GUB	Taeguk tchil jang
VERMELHA/PRETA	1° GUB	Taeguk pal jang
PRETA	1° DAN	KORIO POMSE

Quando treinar *pomse* lembre-se:

a. Aprenda a finalidade de cada ataque ou defesa;
b. Existem movimentos mais rápidos e mais lentos, procure saber qual a velocidade correta de cada ataque ou defesa;
c. Cuide para estar sempre equilibrado;
d. Controle a respiração;
e. Concentre-se na execução de cada movimento;
f. Aprenda em quais momentos você deve gritar;
g. Treine para executar cada movimento o mais perfeito possível;
h. Todo *pomse* termina na mesma posição que iniciou;
i. Só inicie o treino de um novo *pomse* quando já tiver dominado o *pomse* anterior.

Para compreender os *pomses*

O que é *pomse, palgwe* e *taeguk*

Muguk

Na filosofia oriental, *Yin* e *Yang*, são duas forças cósmicas, opostas e complementares, (como por exemplo, positivo e negativo; frio e quente; branco e preto etc.). Dentro desta visão essas forças são onipresentes em todo o universo e estão em ação em todos os lugares e em todas as coisas.

A representação gráfica dessas forças é um círculo divido em duas partes iguais, uma branca e outra preta, num formato que parecem estar em movimento. Dentro da parte preta há uma pequena bola branca e vice e versa. O nome em coreano dessa imagem é *Muguk*.

Representação gráfica do Yin e Yang, em coreano, *Muguk*.

Palgwes

Segundo uma antiga lenda coreana, no século 35 a.C., um príncipe recebeu de três espíritos uma grande sabedoria e a ideia do *palgwe* (pronuncia-se "palguê"). Esta ideia, posteriormente, foi desenvolvida e completada por outros sábios coreanos. Resumidamente, os *palgwes* são ideias de sabedoria, representadas sempre por três barras sobrepostas.

Isoladamente, essas barras significam respectivamente: *Yin* (barra separada --) e *Yang* (barra contínua __). Porém, quando três barras são sobrepostas, ganham novos e complexos significados. Ao todo são possíveis oito combinações dessas barras, e cada combinação representa um conceito diferente (Céu, Lago, Sol, Trovão, Vento, Água, Montanha e Terra).

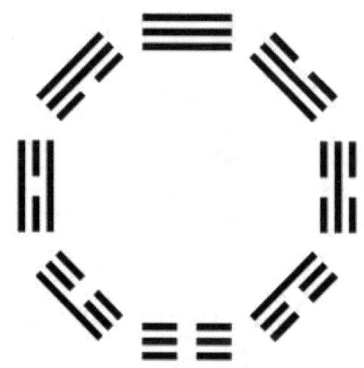

Diagrama do *palgwe*.

Taeguk

Chamamos de *taeguk* o circulo *Muguk* (*Yin* e *Yang*) rodeado pelos oito palgwes (diagramas de três barras). Esta combinação transmite grande sabedoria e foi baseada nelas que foram criadas as sequências dos *pomses taeguks*. Também foram criados outros *pomses* denominados apenas *palgwes*, mas estes não serão estudados neste livro.

Representação gráfica do *taeguk*.

A palavra *taeguk* significa "trevas", mas pode ser traduzida de outras formas. Para os mestres que elaboraram os *taeguks* do Taekwondo, "*taeguk*" é o conjunto de todos os ataques e defesas utilizados no Taekwondo. Este conjunto foi dividido em 64 partes e depois resumidos em oito partes denominadas, respectivamente, em coreano, como primeiro, segundo etc. Os praticantes aprendem uma sequência diferente em cada faixa ou graduação que estiverem. Desta forma, o ensino torna-se gradual e mais eficiente.

Lutas combinadas

A principal ferramenta para se ensinar defesa pessoal são as lutas combinadas. Nesses exercícios o atleta treina esquivas, bloqueios e contra-ataques para defender-se de vários tipos de ataques.

No livro "Aprenda Taekwondo", mestre Woo Jae Lee apresentou várias sequências de lutas combinadas divididas por faixas. Nos anos 1990, outro mestre coreano radicado em São Paulo, elaborou um novo modelo com mais de 140 exercícios divididos por faixas. Por ser muito extenso, esse modelo acabou sendo modificado para elaboração de outros mais práticos e viáveis, como o que apresentamos aqui.

FAIXA	CONTEÚDO A SER ENSINADO
BRANCA	
BRANCA/AMARELA	
AMARELA	*Sam bo derion* (defesa contra 3 ataques, com contra-ataque no último deles)
AMARELA/VERDE	*I bo derion* (treinamento com defesa de 2 ataques e contra-ataque após o segundo ataque)
VERDE	*Il bo derion* (treinamento de contra-ataques contra chute *yop tchagui*)
VERDE/AZUL	*Il bo derion* competição (treinamento de contra-ataque contra *bandal tchagui* na base fechada)
AZUL	*Il bo derion* competição (treinamento de contra-ataques contra *bandal tchagui* na base aberta)
AZUL/VERMELHA	*Il bo derion* (treinamento contra-ataque de soco, onde o praticante contra-ataca logo no primeiro ataque)
VERMELHA	*Joa derion* (treinamento contra ataques de socos onde os dois atletas treinam ajoelhados)
VEMELHA/PRETA	*Ho shin sul* (treinamento de defesa contra agarrões e outros tipos de ataque)

No modelo que elaborei, ensino 5 variações de contra-ataques por faixa, número que considero razoável para o praticante conseguir memorizar e aperfeiçoar. A cada faixa treinamos contra-ataques contra diferentes tipos de ataque: socos, chutes e agarrões.

De acordo com o interesse dos alunos e objetivos do professor, o número de técnicas ensinadas pode ser maior ou menor; entretanto, considero que, para desenvolver noções de defesa pesoal, mais importante que a quantidade de variações é a qualidade do treino. O praticante deve sempre treinar com concentração, velocidade, força e precisão para evoluir de verdade.

É muito importante que o praticante aprenda a esquivar-se e contra-atacar para os dois lados. Para isto, precisa treinar as esquivas e os contra-ataques para defender-se de ataques que seu oponente efetue pela direita ou esquerda.

Kerougui (treinamento de luta)

Quando falamos sobre o ensino em academias para um público heterogêneo, o mais importante não é quando começar a lutar e sim como começar. Quanto menos graduados forem os praticantes, mais cuidados o professor deverá tomar para ensiná-los. Se, por exemplo, começarmos a ensinar luta para faixas brancas, é muito importante que a ênfase seja sobre o treinamento de movimentação e coordenação e que se evite o contato físico. Também é importante ir modificando o treinamento na medida em que os praticantes evoluírem em suas capacidades técnicas, físicas e mentais.

Elaborar uma tabela sugerindo uma progressão de treinamentos de acordo com a graduação, conforme fizemos com os outros fundamentos, não me parece eficaz, porque o treinamento de luta é diferente de todos os outros. O treinamento depende não só do praticante em questão, mas também de quem estiver treinando com ele.

A diferença técnica, física e comportamental entre os alunos que estiverem treinando deve sempre ser levada em consideração para elaborar o tipo de treinamento. Em resumo, devemos estabelecer objetivos e metas para a evolução da luta, mas o tipo de treinamento será escolhido pelo professor, de acordo com as circunstândias de cada treino.

QUALIDADES QUE O PRATICANTE DEVE DESENVOLVER PARA LUTAR MELHOR	
Qualidades físicas	• Potência e coordenação motora. • Resistência e velocidade. • Flexibilidade e agilidade.
Qualidades técnicas	• Boa movimentação (capacidade de deslocamento através de *steps*). • Conhecimento e capacidade de execução da técnica correta dos golpes. • Variedade (repertório) de opções técnicas de ataque e contra-ataque.
Qualidades táticas	• Conhecimento das regras de competição. • Conhecimento de estratégias. • Capacidade física, técnica e emocional de mudar de estratégia durante a luta.
Qualidades mentais (emocionais)	• Autoestima. • Autoconfiança. • Autocontrole.

Levando em conta o desenvolvimento dessas qualidades, cada professor ou atleta pode desenvolver um planejamento para progredir gradualmente o treinamento de luta.

Considero fundamental que você:

1. A posição ideal de luta varia de pessoa para pessoa, dependendo do biotipo, das características táticas e até da personalidade, mas podemos fornecer um modelo básico para os iniciantes que, a partir deste padrão, possam desenvolver sua própria postura;
2. Treine *steps* (movimentação). A primeira coisa que precisamos aprender para lutar é aprender e desenvolver a movimentação, caso contrário, não poderemos acertar nossos golpes ou escapar dos golpes dos adversários;
3. O melhor treinamento para aprender a nadar é dentro da água. O melhor exercício para aprender a lutar é lutando, desde que se esteja preparado em todos os sentidos para usufruir desse treinamento;
4. O contato físico é constante numa luta, mas deve-se sempre tomar cuidado para não expor o praticante a riscos de lesões desnecessários e situações constrangedoras;
5. Prepare não apenas o físico, mas também a mente para compreender o treinamento e a luta, além de manter sempre o autocontrole emocional;
6. Respeite sempre seus adversários e companheiros de treino, por mais fracos e inexperientes que sejam;
7. Quando treinar com alguém pior que você, trate-o com respeito e crie situações e objetivos que possam aperfeiçoar seu treino;
8. Quando treinar com alguém melhor que você, trate-o com respeito treinando sério e dando o seu melhor para aprender e desenvolver-se;
9. Procure olhar nos olhos da pessoa com que estiver lutando, mas tente mantê-la toda no seu campo visual. Evite, de todas as formas, olhar fixamente para alguma parte do corpo do seu adversário;
10. Utilize todos os recursos de que dispõe (espelho, raquete, luva de foco, apara-chutes, treino com parceiro etc.) para aperfeiçoar suas técnicas de competição;
11. Quando treinar sozinho ou em alguma ferramenta de treinamento, como raquetes, imagine sempre estar numa situação real;
12. Repita muito e desenvolva as técnicas que você tem facilidade, e treine mais ainda as técnicas que você tem dificuldades;
13. Uma técnica nunca está tão perfeita que não deva ser treinada novamente;

Posição de luta básica.

14. Um bom lutador sem ética e educação, pode ser comparado a um animal feroz, do qual devemos manter distância, porém um bom lutador ético e educado é alguém que merece ser admirado e observado;

Kiopa sul (técnicas de quebramento)

Embora em países como Coreia, Espanha, EUA e México exista um grande número de equipes de demonstrações que se apresentem com regularidade, no Brasil hoje em dia é raro uma academia, ou até mesmo uma federação, ter um grupo de demonstração em constante treinamento e apresentando-se regularmente. Até os anos 1980, isto era razoavelmente comum.

Quando montei minha primeira academia, estabeleci um treino por semana para formar e preparar uma equipe de demonstração. Como a grande maioria de meus alunos eram iniciantes, tive a oportunidade de pensar e elaborar um treinamento que preparasse os alunos com maior potencial (flexibilidade, potência e coordenação motora) para tornarem-se atletas de demonstração com a capacidade de aprender técnicas complexas e de grande impacto visual.

Técnica de *Kiopa*, quebrando duas madeiras com o chute *sambal tchagui* – demostração dos "Korean Tigers".

Na tabela que apresentei com a sugestão para ensino dos chutes em cada faixa, há uma coluna que atende a formação de uma equipe de demonstração. Assim como apresentei nos tópicos anteriores, também podemos montar modelos de treinamento de técnicas de demonstração diversas, de maneira gradual, mas, como neste caso, as variáveis são ainda maiores, prefiro passar as orientações que julgo mais importante para que cada professor ou praticante desenvolva seu próprio método:

A. É fundamental para o atleta de demonstração, desenvolver potência, coordenação motora e auto-estima;
B. O atleta de demonstração deve dar atenção redobrada para desenvolver-se harmoniosamente, evitando vícios como treinar apenas uma perna etc.;
C. Embora possa treinar técnicas avançadas, e que ainda não domine, o atleta só deve apresentar em demonstrações públicas as técnicas que domine bem e com as quais se sinta à vontade.

Exame de faixa

O exame de faixa surgiu praticamente junto com o Taekwondo e é o nosso ritual mais importante. Na maior parte do mundo, e também no Brasil, tornou-se uma prática comum convidar mestres de fora, em geral mais graduados, para examinar os alunos.

Poderíamos discorrer longamente sobre as razões históricas desse costume, mas basta dizer que convidar mestres que não conheçam os alunos ou não tenham uma relação próxima com os examinados visa garantir que o aluno seja avaliado pelo que consegue demonstrar naquele momento e circunstâncias, e não pelo que apresenta no dia a dia. O objetivo é avaliar o quanto o aluno sabe e consegue demonstrar. O Taekwondo, enquanto arte marcial ou esporte, é objetivo e prático. Um mestre ou professor precisa ter conhecimento e saber ensiná-lo. Um atleta ou praticante precisa ter conhecimento e saber demonstrá-lo. Por isto, para poder participar de um exame, o aluno deve permanecer um tempo mínimo, estabelecido por seu professor, em cada faixa, e nesse tempo aprender e dominar todas as técnicas e conhecimentos teóricos referentes à sua graduação. Deve, também, estar apto para apresentá-las com segurança e desenvoltura no dia do exame. No exame, além do desempenho técnico, serão avaliados a postura, a educação, o olhar e o *kihap* (grito), além da força e coragem.

Currículo

Como já vimos anteriormente, no Brasil, o que se ensina em cada faixa varia muito de uma região para outra, de um estado para outro e de uma academia para outra. Aqui apresentamos um modelo de currículo, resultado de pesquisas que fiz com muitos professores por todo País. Minha intenção é fornecer aos leitores um modelo de currículo substancial, sem ser exaustivo, e que pode e deve ser adaptado, com bom senso, à realidade e objetivo de cada leitor.

PLANILHA RESUMIDA DO CURRÍCULO GRADUAL

FAIXA	KIBON DONJACK (ataques e defesas)	BAL KI SUL (chutes)	POMSE
BRANCA 10º GUB	Narani montong tirigui / juntchum montong tirigui / ap kubi montong tirigui	Ap oligui Ap tchagui	Saju tirigui Saju are maki
BRANCA/ AMARELA 9º GUB	Ap kubi are maki / ap kubi montong bakat maki / ap kubi montong baro tirigui	An tchagui Bakat tchagui	Saju pomse
AMARELA 8º GUB	Ap sogui montong tirigui / ap sogui are maki / ap sogui montong baro tirigui / ap sogui olgul maki / ap sogui montong maki / ap sogui an maki	Bandal tchagui Miro tchagui	Taeguk il jang
AMARELA/ VERDE 7º GUB	Ap kubi olgul tirigui / ap kubi dun jumok olgul ap tiki / ap kubi olgul maki / ap kubi montong maki / ap kubi montong an maki / ap kubi olgul bakat maki	Tolho tchagui Yop tchagui	Taeguk i jang
VERDE 6º GUB	Digubi sonal montong maki / digubi ran sonal montong maki / digubi montong maki / digubi montong an maki / digubi montong bakat maki	Tolgue tchagui Tit Tchagui	Taeguk san jang
VERDE/AZUL 5º GUB	Ap sogui mejumok nerio tiki / ap sogui dun jumok pakat tiki / ap kubi pyonson-kut seo tiki / ap kubi jebipon mok tiki / ap kubi palkub tolho tiki / ap kubi palkub piojo tiki	Dubal tchagui Nerio tchagui	Taeguk sa jang
AZUL 4º GUB	Digubi sonal are maki / dicoa sogui dun jumok olgul ap tiki / dicoa sogui jetcho tirigui / ap kubi ran sonal pitro maki / ap kubi batanson montong maki / opcional: narani retcho maki	Pitro tchagui Furio tchagui	Taeguk oh jang
AZUL/ VERMELHA 3º GUB	Bom sogui sonal montong maki / bom sogui montong maki / bom sogui batanson montong maki / bom sogui batanson montong an maki / bom sogui goduro montong an maki dun jumok olgul ap tiki / opcional: moa sogui bo jumok	Mondoli tchagui Dubal tolho tchagui	Taeguk iuk jang
VERMELHA 2º GUB	Ap kubi dubon gaio maki / ap kubi montong retcho maki / ap kubi otgoro are maki / juntchum palkub piojo tiki / juntchum ran sonal montong yop maki / juntchum yop tirigui	Timio miro tchagui Timio tora tit tchagui	Taeguk tchil jang
VERMELHA/ PRETA 1º GUB	Digubi goduro maki / digubi goduro are maki / ap kubi santul maki / ap kubi dan-kiotok tirigui / opcional: narani retcho maki (defesa do taeguk iuk jang – faixa azul/vermelha)	Timio mondolio Outros chutes com salto	Taeguk pal jang

2ª PARTE DO CURRÍCULO

FAIXA	LUTA COMBINADA	KIOPA (quebramento)	IRON (conhecimento teórico)
BRANCA 10º GUB		Timio ap oligui	1º item do juramento e do espírito do Taekwondo, mais vocabulário básico
BRANCA/ AMARELA 9º GUB		Timio ap tchagui	2º item do juramento e do espírito do Taekwondo mais vocabulário básico
AMARELA 8º GUB	Sam bo derion (defesa contra 3 ataques, com contra-ataque no último soco)	Timio dubal ap tchagui	3º item do juramento e do espírito do Taekwondo mais vocabulário básico
AMARELA/ VERDE 7º GUB	I bo derion (treinamento com defesa de 2 ataques e contra-ataque após o segundo ataque)	Timio miro tchagui	4º item do juramento e do espírito do Taekwondo mais vocabulário básico
VERDE 6º GUB	Il bo derion (treinamento de contra-ataques contra chute yop tchagui)	Timio yop tchagui	5º item do juramento e do espírito do Taekwondo mais vocabulário básico
VERDE/AZUL 5º GUB	Il bo derion competição (treinamento de contra-ataque contra bandal na base fechada)	Timio yop tchagui junto com tirigui	Vocabulário básico
AZUL 4º GUB	Il bo derion competição (treinamento de contra-ataques contra bandal na base aberta)	Timio olgul tolgue tchagui	Vocabulário básico
AZUL/ VERMELHA 3º GUB	Il bo derion (treinamento contra ataque de soco, onde o praticante contra-ataca logo no primeiro ataque)	Sambal tchagui (pernas abertas)	Vocabulário básico
VERMELHA 2º GUB	Joa derion (treinamento contra ataques de socos onde os dois atletas treinam ajoelhados)	Sambal tchagui (pernas fechadas)	Vocabulário básico
VERMELHA/ PRETA 1º GUB	Ho shin sul (treinamento de defesa contra agarrões e outros tipos de ataque)	Kaio tchagui (chute tesoura)	Vocabulário básico

TAEKWONDO
FUNDAMENTAL

CAPÍTULO 4

FAIXA BRANCA
(10° *GUB*)

A FAIXA BRANCA ESTÁ PRESENTE em todos os sistemas de graduação. É a faixa que o aluno recebe junto com seu primeiro uniforme.

Esta etapa é o início de uma longa jornada de aprendizado. Cada dia de treino representa um ganho substancial de capacidade física e mental.

Significado

A cor branca significa pureza. No início, o aluno não sabe nada sobre Taekwondo e, por este motivo, deve receber orientação e atenção especiais do professor.

Primeiros ensinamentos

Como fechar as mãos

Inicia-se dobrando a ponta dos dedos e segue até estar com a mão firmemente fechada. O polegar se posiciona em cima da parte do meio dos dedos.

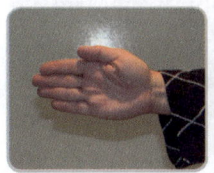

Jumbi

É a posição que prepara o atleta para todos os tipos de treinamento. Existem vários tipos de *jumbi*, mas até a faixa preta vamos aprender apenas dois. O primeiro, parte da posição de sentido com os pés juntos, a partir da qual o praticante move o pé esquerdo para a esquerda até alcançar a largura do ombro. Simultaneamente, leva as mãos, abertas, com as palmas voltadas para cima, na direção do peito. Quando atingem a altura do plexo, começam a se fechar descem na direção da faixa. Ao atingirem a altura do estômago, devemos mover as mãos, rapidamente, parando numa posição na qual estejam a um punho de distância do corpo e um punho de distância entre elas.

Jumbi: posição inicial (concentração) para a prática dos *pomses* e outros treinamentos.

Kerougui jumbi: posição de preparação (concentração) para luta e outros treinamentos.

Procedimento dos ataques e defesas com os braços

Em praticamente todos os ataques e defesas a mão forma uma linha reta com o antebraço. Também na execução da maioria dos ataques e defesas com os braços, há um movimento de alavanca. Um braço sai da linha lateral da cintura e percorre uma trajetória até atingir seu objetivo e, simultaneamente, o outro braço faz o caminho inverso.

Nas exceções onde os dois braços executam funções de ataque ou defesa simultaneamente, é necessária uma sincronia nos movimentos para a utilização de outros grupos musculares do tronco e do quadril. O importante é entender que sempre que mover um braço para executar um ataque ou defesa, ou outro braço também deve ser movimentado, simultaneamente.

Tirigui (soco)

Os socos devem ser dados em linha reta, partindo da cintura, até o alvo. A força do soco inicia-se no movimento do quadril, ganhando potência com a movimentação dos músculos das costas e do ombro, força esta que é transferida para o movimento do braço, concentrando-se no punho. O deslocamento do peso do corpo para a frente também adiciona potência para o soco.

Soco: *ap kubi montong baro tirigui*.   Soco: *juntchum montong tirigui*.

Sogui (base)

Damos o nome de base (*sogui*) à posição dos pés, dos joelhos e à distribuição de peso entre eles. Bases mais largas como a *juntchum* e a *ap kubi* dão mais estabilidade e firmeza. Bases menores, como a *ap sogui*, permitem deslocamentos mais rápidos.

Orum e uen

Orum (direita) e *uen* (esquerda) são palavras utilizadas para indicar a perna de apoio do peso do corpo em uma base, o braço utilizado para executar uma defesa ou um ataque ou até a direção do movimento. Por este motivo, num mesmo movimento, podemos ter as duas palavras, o que confunde muito o iniciante. Por isto, optamos por utilizar pouco as palavras *orum* e *uen*, apenas na descrição de algumas bases simples como *ap kubi* e *ap sogui*.

Nomenclatura

Palavras coreanas muitas vezes são difíceis de serem pronunciadas e ainda mais difíceis de serem grafadas. Por esta razão, resumimos os nomes em coreano para o que nos parece ser a essência necessária para descrever as ações, além de ser o padrão utilizado na maior parte do mundo. Por exemplo, a defesa *orum digubi baka palmok montong maki*, escrevemos apenas como *digubi montong maki* (forma também correta e mais utilizada em todo o mundo).

Kibon donjack (son ki sul – técnicas de mãos)

Narani montong tirigui

Narani sogui é a mais simples das bases. Nela, os pés ficam separados na largura dos ombros paralelos entre si e virados para a frente. O peso do corpo fica dividido igualmente entre as duas pernas. É nesta base que iniciamos todos os *taeguks* até a faixa preta. *Montong tirigui*, é o soco dado na altura do peito (*montong*=meio; *tirigui*=soco).

Narani montong tirigui.

Juntchum montong tirigui

Na base *juntchum*, os pés ficam separados numa distância duas vezes maior que o ombro, e paralelos entre si. O peso do corpo fica dividido igualmente entre as duas pernas.

Juntchum montong tirigui.

Ap kubi montong tirigui

A base *ap kubi* é uma base grande, com um dos pés a dois passos à frente do outro, com a perna da frente dobrada com um ângulo de 90 a 80 graus e a perna de trás esticada, com o pé virado para a frente, num ângulo de 15 graus, mas com o calcanhar no chão. Dois terços do peso se concentram na perna da frente.

Bal ki sul (técnicas de chutes)

Ap oligui

Levantamento frontal da perna com a perna esticada.

Ap kubi montong tirigui.

Preparado para executar o chute (*jumbi*).

Levantando a perna reta, executando *ap oligui*.

Dois atletas em posição de luta (*kerougui jumbi*).

Atleta da direita ataca com o chute *ap oligui*.

Ap tchagui

Chute para a frente. Elevar o joelho até a altura do peito, com a perna dobrada. Na sequência, destender a perna, chutando e atingindo o adversário com a sola do pé ou, excepcionalmente, com o peito do pé.

1. Preparado para executar o chute (*jumbi*).
2. Levantando a perna dobrada.
3. Esticando a perna e finalizando o *ap tchagui*.
4. Duas atletas em posição de luta (*kerougui jumbi*).
5. Atleta da esquerda inicia o chute, levantando a perna dobrada.
6. Esticando totalmente a perna, atacando e finalizando o chute *ap tchagui*.

Pomse

Saju tirigui

É o primeiro e o mais simples dos *pomses* (sequências). Consiste em executar o movimento *ap kubi montong tirigui* (consultar *kibon donjack* e vocabulário básico) nas quatro direções cardeais: Norte, Oeste, Sul e Leste.

1–*Tchariot*. 2–*Jumbi*. 3–Recua a perna direita e executa *uen ap kubi montong tirigui*. 4–Mantendo a perna esquerda como eixo, avança a perna direita e executa *orun ap kubi montong tirigui*.

5–Mantendo a perna esquerda como eixo, puxar a perna direita, girando o tronco 90° para a esquerda, executando *uen ap kubi montong tirigui*. 6–Mantendo a perna esquerda como eixo, avança a perna direita e executa *orun ap kubi montong tirigui*. 7–Mantendo a perna esquerda como eixo, puxar a perna direita, girando o tronco 90° para a esquerda, executando *uen ap kubi montong tirigui*. 8–Mantendo a perna esquerda como eixo, avança a perna direita e executa *orun ap kubi montong tirigui*.

9–Mantendo a perna esquerda como eixo, puxar a perna direita, girando o tronco 90° para a esquerda, executando *uen ap kubi montong tirigui*. 10–Mantendo a perna esquerda como eixo, avança a perna direita e executa *orun ap kubi montong tirigui*. 11–Mantendo a perna esquerda como eixo, puxar a perna direita, girando o tronco 90° para a esquerda, executando *uen ap kubi montong tirigui*. 12–Mantendo a perna esquerda como eixo, avança a perna direita e executa *orun ap kubi montong tirigui*.

13-Mantendo a perna direita como eixo, avança a perna esquerda e executa *uen ap kubi montong tirigui*. 14-Mantendo a perna direita como eixo, puxar a perna esquerda, girando o tronco 90° para a direita, executando *orun ap kubi montong tirigui*. 15-Mantendo a perna direita como eixo, avança a perna esquerda e executa *uen ap kubi montong tirigui*. 16-Mantendo a perna direita como eixo, puxar a perna esquerda, girando o tronco 90° para a direita, executando *orun ap kubi montong tirigui*.

17-Mantendo a perna direita como eixo, avança a perna esquerda e executa uen *ap kubi montong tirigui*. 18-Mantendo a perna direita como eixo, puxar a perna esquerda, girando o tronco 90° para a direita, executando *orun ap kubi montong tirigui*. 19-Mantendo a perna direita como eixo, avança a perna esquerda e executa uen *ap kubi montong tirigui*. 20-Mantendo a perna direita como eixo, puxar a perna esquerda, girando o tronco 90° para a direita, executando orun *ap kubi montong tirigui*.

21-Mantendo a mesma base, executar *orun ap kubi montong baro tirigui*. 22-Avançando a perna esquerda, voltar à posição *jumbi*.

Saju are maki (sequência opcional)

Se o professor sentir que o aluno tem dificuldades para executar o *are maki*, poderá ensinar esta sequência para ajudar a corrigir e fixar o movimento. A sequência é a mesma do *saju tirigui*, apenas trocando o ataque por uma defesa (*ap kubi are maki*).

Iron (conhecimento teórico)

Juramento do Taekwondo (do praticante)

> EU PROMETO:
> 1 – Observar as regras do Taekwondo.

Significado: O praticante promete respeitar todas as regras de etiqueta do Taekwondo.

Espírito do Taekwondo

Da mesma forma que no Juramento do Taekwondo, o praticante, nesta faixa, deverá conhecer e respeitar o primeiro item do Espírito do Taekwondo:

1. **Cortesia**.

É a combinação da educação com a gentileza, a manifestação do respeito às regras de civilidade no tratamento com os outros. Ser cortês é mostrar-se pronto para ajudar outra pessoa com atenção e simpatia. Todo praticante de Taekwondo deve cultivar e agir com cortesia.

Vocabulário básico

1. *Tchariot* (pronuncia-se "tchariô"): posição de sentido. Os pés e as pernas devem ficar juntas e paralelas, os braços estendidos ao lado do tronco reto. Olhar para frente e prestar atenção;
2. *Kiunne* (pronuncia-se "kiunnê"): cumprimentar, abaixando a cabeça e o tronco para a frente;
3. *Jumbi* (pronuncia-se tchumbí): posição de concentração para iniciar a iniciar a execução de uma atividade. Chega-se a ela inspirando e elevando os punhos fechados até a altura do plexo e depois descendo e parando em uma latura logo abaixo da faixa;
4. *Narani*: posição em que os pés ficam separados pela distância da largura dos ombros, paralelos e virados para frente;
5. *Juntchum*: posição (base) com os pés separados (na distância de uma vez e meia a largura do ombro) paralelos e virados para a frente. Os joelhos dobrados como se estivesse montado em um cavalo;
6. *Montong*: tronco;
7. *Tirigui*: soco;

8. ***Ap kubi***: base com as pernas afastadas para a frente, na distância de 2 passos e na lateral com distância menor que um ombro; a perna da frente deve estar dobrada e a de trás, esticada;
9. ***Tchagui***: chute;
10. ***Ap***: para a frente.

Currículo para exame de faixa

KIBON DONJACK	As três bases aprendidas nesta faixa.
CHUTES	*Ap olgui* e *ap tchagui*.
POMSE	*Saju tirigui* e, opcionalmente, *saju are maki*.
LUTA COMBINADA	Opcional e não indicado.
LUTA	
KIOPA (QUEBRAMENTO)	Opcional: poderá demonstrar alguma técnica de chute na raquete.
CONHECIMENTO	Primeirios itens do juramento e do espírito do Taekwondo, mais vocabulário básico.
POSTURA	Avaliação feita pelo examinador (comportamento e postura).

TAEKWONDO
FUNDAMENTAL

CAPÍTULO 5

FAIXA BRANCA / AMARELA
(9° GUB)

NO BRASIL, MUITAS ACADEMIAS NÃO utilizam esta faixa e muitas outras a substituíram pela faixa cinza ou laranja. Originalmente, era utilizada como um complemento para os alunos novos terminarem de aprender o conteúdo da branca antes de irem para a amarela.

Primeiros ensinamentos

Sempre que executarmos uma defesa ou um ataque, os braços devem se mover simultaneamente. Esse movimento, junto com o movimento de rotação do quadril, gera um aumento de potência ao golpe.

Quando damos um soco durante a execução de um movimento de *kibon donjack* ou *pomse*, o punho que soca sempre sai da linha da cintura ao lado da faixa, enquanto que o outro braço volta para a linha da cintura ao lado da faixa.

Acostume-se, desde o início, a utilizar o *kihap* (grito), no treino e na luta. O *kihap* "dá ânimo" a quem o utiliza, ajuda a liberar uma potência maior nos golpes e, ainda, a enrijecer a região abdominal no instante do grito, permitindo que os efeitos de um contra-ataque do oponente, nessa região do corpo, sejam mais bem absorvidos.

Baro

Utilizamos a expressão *baro* (pronuncia-se "baro") para dizer que o braço que está socando é o braço que está do lado oposto à perna que avançou (ex: avança com a perna direita e soca com o braço esquerdo).

Kibon donjack

Ap kubi montong baro tirigui

Ap kubi montong baro tirigui – visão frontal e lateral.

Ap kubi are maki (defesa em baixo)

Ap kubi are maki – visão frontal e lateral.

Ap kubi montong bakat maki

Ap kubi montong bakat maki – visão frontal e lateral.

Bal ki sul (técnicas de chutes)

Bakat tchagui

Chute semicircular, com a perna esticada, de dentro para fora, atingindo o rosto ou o tronco do adversário com o calcanhar ou a parte lateral externa do pé.

Bakat tchagui – procedimento 1.

Bakat tchagui – procedimento 2.

Bakat tchagui – procedimento 3.

Bakat tchagui – procedimento 4.

Bakat tchagui – procedimento 5.

Bakat tchagui – procedimento 6.

Bakat tchagui – aplicação 1.

Bakat tchagui – aplicação 2.

Bakat tchagui – aplicação 3.

An tchagui

Chute semi circular, de fora para dentro, que atinge o rosto ou o tronco do adversário, com o calcanhar ou com a sola do pé.

An tchagui – procedimento 1.

An tchagui – procedimento 2.

An tchagui – procedimento 3.

An tchagui – procedimento 4.

An tchagui – procedimento 5.

An tchagui – aplicação 1.

An tchagui – aplicação 2.

Pomse

Saju pomse

É a combinação do *saju tirigui* com o *saju are maki*. Como nos *sajus* anteriores, o praticante executa ataques e defesas nas quatro direções cardiais, sendo que, quando avança, executa o *ap kubi montong tirigui*, e, quando recua, executa o *ap kubi are maki*.

1–*Tchariot*.

2–*Jumbi*. 3–Recua a perna direita e executa *uen ap kubi are maki*. 4–Avançando a perna direita e executa *orun ap kubi montong tirigui*.

5–Girando o tronco para a esquerda e puxando a perna direita para trás, executa *uen ap kubi are maki*. 6–Avançando a perna direita, executa *orun ap kubi montong tirigui*. 7–Girando o tronco para a esquerda e puxando a perna direita para trás, executa *uen ap kubi are maki*.

8–Avançando a perna direita, executa *orun ap kubi montong tirigui*. 9–Girando o tronco para a esquerda e puxando a perna direita para trás, executa *uen ap kubi are maki*. 10–Avançando a perna direita, executa *orun ap kubi montong tirigui*.

11–Girando o tronco para a esquerda e puxando a perna direita para trás, executa *uen ap kubi are maki*. 12–Avançando a perna direita, executa *orun ap kubi montong tirigui*. 13–Avançando a perna esquerda, executa *uen ap kubi montong tirigui*.

14–Girando o tronco para a direita e puxando a perna esquerda para trás, executa *orun ap kubi are maki*. 15–Avançando a perna esquerda, executa *uen ap kubi montong tirigui*. 16–Girando o tronco para a direita e puxando a perna esquerda para trás, executa *orun ap kubi are maki*.

17–Avançando a perna esquerda, executa *uen ap kubi montong tirigui*. 18–Girando o tronco para a direita e puxando a perna esquerda para trás, executa *orun ap kubi are maki*. 19–Avançando a perna esquerda, executa *uen ap kubi montong tirigui*.

20–Girando o tronco para a direita e puxando a perna esquerda para trás, executa *orun ap kubi are maki*. 21–Sem sair do lugar, executa *ap kubi montong baro tirigui*. 22–Recua o pé direito, voltando a posição *tchumbi*.

Kerougui (luta)

O treinamento de luta, em geral, inicia-se na faixa amarela, mas é difícil conter a ansiedade da maioria dos alunos que querem lutar o quanto antes. Neste caso recomendamos que o professor inicie o treinamento com um exercício de luta que se chama "1 contra 1". Este treinamento é feito da seguinte maneira: cada aluno, alternadamente, executa um chute (qualquer), tentando aproximar o golpe do alvo, porém sem acertá-lo.

Kiopa (quebramento)

Aqui iniciamos o treinamento de técnicas de quebramento. Quase sempre são técnicas mais elaboradas, que exigem várias qualidades físicas e muita coordenação. Nesta faixa vamos trabalhar apenas uma técnica: o *timio ap tchagui*. É o chute *ap tchagui* (já visto anteriormente), aplicado no ar, após um salto com elevação do joelho da outra perna. Desta forma, o praticante salta, elevando o joelho de uma perna, e chutando com a outra (enquanto está no ar).

Timio ap tchagui.

Iron (conhecimento teórico)
Juramento do Taekwondo

> EU PROMETO:
> 1– Observar as regras do Taekwondo.
> 2– Respeitar o instrutor e meus superiores.

Neste segundo juramento, é abordada a importância de sempre tratar com respeito os pais, avós, professores, autoridades em geral e as pessoas mais velhas. Todos eles são merecedores por sua experiência e valor. No entanto, não devemos confundir respeito com submissão cega ou conivência com o erro. Se a pessoa usar de sua condição ou autoridade para agir com má intenção, prejudicar inocentes, ou qualquer outra atitude delituosa, perderá seu merecimento. Para serem dignos de respeito todos devem agir com ética, integridade e respeito.

Espírito do Taekwondo

1. Cortesia
2. **Integridade**

Ser íntegro é ser honesto e ético. O praticante deve ser sempre honesto consigo e honesto e ético com os outros. Somente com humildade, e principalmente com honestidade, podemos admitir nossas falhas e deficiências. Somente reconhecendo as deficiências poderemos superá-las. Sem honestidade e ética, todo o conhecimento e habilidade conquistados no treinamento podem ser utilizados de forma equivocada, causando danos a outros e indo contra os princípios do Taekwondo.

Vocabulário básico

1. *Kuki*: bandeira
2. *Kuki iukedaio kiunne*: comprimentar a bandeira;
3. *Baro*: (contrário) palavra usada para designar que o braço que executa o ataque ou defesa está oposto à perna que está à frente;
4. *Are*: em baixo (abaixo da cintura);
5. *Maki*: defesa;
6. *Bakat*: de dentro para fora;
7. *An*: de fora para dentro;
8. *Timio*: saltando;
9. *Saju* (quatro lados): sequência básica para os quatro lados (frente, direita, para trás e para a esquerda);
10. *Pomse*: sequência de ataques e contra-ataques em várias direções seguindo um diagrama previamente estabelecido.

Currículo para exame de faixa

KIBON DONJACK	5 posições já aprendidas (3 nesta faixa).
CHUTES	*An tchagui, Bakat tchagui* e mais 2 chutes já aprendidos.
POMSE	*Saju pomse.*
LUTA COMBINADA	OPCIONAL.
LUTA	
KIOPA (QUEBRAMENTO)	Demonstrar *Timio ap tchagui* na raquete.
CONHECIMENTO	Ao critério do professor.
POSTURA	Avaliação pessoal do mestre sobre o examinado.

TAEKWONDO
FUNDAMENTAL

CAPÍTULO 6

FAIXA AMARELA
(8° GUB)

NESTA FAIXA É ENSINADO O bandal tchagui, um dos chutes mais utilizados nas competições. Ele parece muito fácil, mas é preciso treinar muito para aperfeiçoá-lo cada vez mais. Lembre-se de que sempre é possível melhorar nossas técnicas.

Entre outras técnicas, nesta nova faixa são ensinadas novas bases de ataque e defesa, novos chutes, o primeiro *taeguk* e a iniciação em dois tipos de luta: defesa pessoal (*sam bo derion*) e luta esportiva (*kerougui*), com as regras olímpicas.

Significado

A faixa amarela significa "fertilidade" ou "terra fértil", na qual a planta brota e fixa sua raiz. Nesta fase o aluno é como a terra fértil e está preparado para receber a sementes do conhecimento, onde a base do ensino será firmada.

Primeiros ensinamentos

Sonal
Parte lateral externa da mão ("faca da mão") que utilizamos para atacar ou defender.

Ap sogui
Base do tamanho de um passo normal. A distância entre um pé e outro é aproximadamente a largura do ombro.

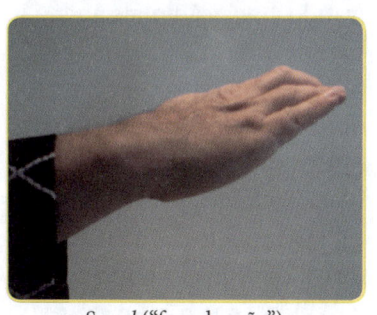

Sonal ("faca da mão").

Base *ap sogui* – visão frontal e lateral.

Pomse taeguks

Como já mencionamos anteriormente, *pomses* são sequências de movimentos de ataque e defesa em várias direções contra um adversário imaginário. O *pomse* serve para o praticante desenvolver as técnicas de luta, mesmo sem ter outra pessoa para treinar. Nesta faixa é ensinado o primeiro *taeguk*, o *taeguk il jang*.

Antes de iniciar o treinamento de um *pomse* devemos conhecer sua história, em que ele foi baseado e o que representam seus movimentos.

Kerogui sogui (posição de luta)

Com o decorrer dos anos de treinamento, cada praticante acaba encontrando a posição mais adequada ao seu biotipo, suas características técnicas e perfil comportamental, mas é sempre bom ensinarmos a posição básica, para que o praticante encontre a sua posição ideal partindo de uma boa base.

O modelo de base para a posição de luta que ensinamos como padrão é parecido com a base *ap sogui*, só que

Posição de luta (*kerugui jumbi*) – visão frontal e lateral.

os pés ficam paralelos, virados para a mesma direção diagonal. O calcanhar do pé de trás quase não toca o chão, e o peso fica dividido entre as duas pernas. Os joelhos ficam levemente dobrados para permitir uma rápida troca de peso de uma perna para outra. Os punhos ficam fechados à frente do tronco, com o braço de trás ligeiramente mais alto que o braço da frente. Os ombros sempre relaxados, o queixo próximo ao peito e o olhar dirigido para frente. O objetivo desta base é permitir movimentos rápidos em qualquer direção.

Steps

Denominamos *steps* os deslocamentos que usamos para escapar de um ataque ou para nos aproximarmos do adversário, antes de executar nosso ataque. Mas também podemos usar os *steps* para confundir nosso adversário, dando a ele uma impressão errada de como vamos agir ou a que distância estamos.

Kibon donjack

Ap sogui montong tirigui

Avançar um passo normal e socar com o braço do mesmo lado da perna que estiver à frente.

Ap sogui montong tirigui – visão frontal e lateral.

Ap sogui montong baro tirigui – visão frontal e lateral.

Ap sogui montong baro tirigui

Avançar um passo e socar com o braço contrário à perna que estiver à frente.

Ap sogui are maki

Avançar um passo e defender a região abaixo da cintura com o antebraço, do mesmo lado da perna que estiver à frente.

Ap sogui olgul maki – visão frontal e lateral.

Ap sogui are maki – visão frontal e lateral.

Ap sogui montong maki

Defesa na altura do tronco.

Ap sogui olgul maki

Defesa em cima, protegendo a cabeça.

Ap sogui montong maki – visão frontal e lateral.

Ap sogui montong an maki

Defesa na altura do tronco com o braço trocado.

Ap sogui montong an maki – visão frontal e lateral.

Bal ki sul (técnicas de chutes)

Bandal (tolho) tchagui

Neste chute o praticante levanta a perna bem dobrada, para a frente, elevando o joelho. Em seguida, gira o quadril na direção do adversário e distende a perna, atingindo a região do abdômen do oponente, com o peito do pé.

Bandal tchagui – procedimento 1.

Bandal tchagui – procedimento 2.

Bandal tchagui – procedimento 3.

Bandal tchagui – procedimento 4.

Bandal tchagui – aplicação 1.

Bandal tchagui – aplicação 2.

Bandal tchagui – aplicação 3.

Bandal tchagui – aplicação 4.

Miro tchagui

Neste chute o praticante levanta a perna dobrada e projeta-a para a frente, atingindo o adversário com a sola do pé e empurrando-o, com o intuito de derrubá-lo.

Miro tchagui – procedimento 1.

Miro tchagui – procedimento 2.

Miro tchagui – procedimento 3.

Miro tchagui – aplicação 1.

Miro tchagui – aplicação 2.

Miro tchagui – aplicação 3.

Sequências de dois chutes

Nesta faixa damos início a este trabalho, ensinando o aluno a executar algumas sequências de dois chutes, no mesmo lugar.

Dicas para chutes

Em todos os chutes frontais, levante ao máximo o joelho. No momento do impacto do chute, quadril, joelho e pé devem estar alinhados. Praticamente em todas as bases e na execução de todos os chutes, a coluna permanece ereta e os ombros relaxados. Mesmo quando temos de girar o tronco, a coluna permanece ereta.

Pomse – *taeguk il jang*

Esta sequência de movimentos foi elaborada inspirada no princípio *keon* do *palgwe*. O princípio *keon* tem vários significados e interpretações como "o que é correto e firme" ou "a força da virilidade que dá início à vida" ou "o firmamento (céu) de onde provém a luz do Sol e a água da chuva que dão vida e fazem com que tudo cresça" ou, ainda, "o começo de todas as coisas no universo".

Este primeiro *taeguk* é destinado aos praticantes iniciantes e, por este motivo, utiliza técnicas básicas e movimentos simples. São apenas duas bases. Estes movimentos devem ser executados de forma contínua, correta e fluida, com firmeza e estabilidade, mostradas nas fotos da sequência.

1–*Jumbi*. 2–Girando o tronco para a esquerda executa *uen ap sogui are maki*. 3–Avançando com o pé direito executa *orun ap sogui montong tirigui*. 4–Movendo o pé direito, girar o tronco 180° para a direita e executar *orun ap sogui are maki*.

5–Avançando com o pé esquerdo, executa *uen ap sogui montong tirigui*. 6–Movendo o pé esquerdo, girar o tronco 90° para a esquerda e executar *uen ap kubi are maki*. 7–Mantendo a base, executar *montong baro tirigui*. 8–Puxando a perna direita e girando 90° para a direita, executar *orun ap sogui montong an maki*.

9–Avançando com a perna esquerda, executa *uen ap sogui montong baro tirigui*. 10–Movendo o pé esquerdo, girar 180° para a esquerda e executar *orun ap sogui montong an maki*. 11–Avançando com a perna direita, executa *uen ap sogui montong baro tirigui*. 12–Movendo o pé direito, girar 90° para a direita e executar *orun ap kubi are maki*.

13–Mantendo a base, executa *montong baro tirigui*. 14–Puxando a perna esquerda e girando 90° para a esquerda, executar *uen ap sogui olgul maki*. 15–Avançando e levantando o joelho direito, chutar *ap tchagui*. 16–Seguido de *orun ap sogui montong tirigui*.

17–Movendo a perna direita, girar 180° para a direita e executar *orun ap sogui olgul maki*. 18–Avançando e levantando o joelho esquerdo, chutar *ap tchagui*. 19–Mantendo a base, executa *montong baro tirigui*. 20–Puxando a perna esquerda e girando 90° para a direita, executar *uen ap kubi are maki*.

21–Avançando a perna direita, executar *orun ap kubi montong tirigu*, com *kihap* (grito).

22–Movendo a perna esquerda, girar pelas costas, até a posição inicial, *jumbi*.

DIAGRAMA TAEGUK IL JANG

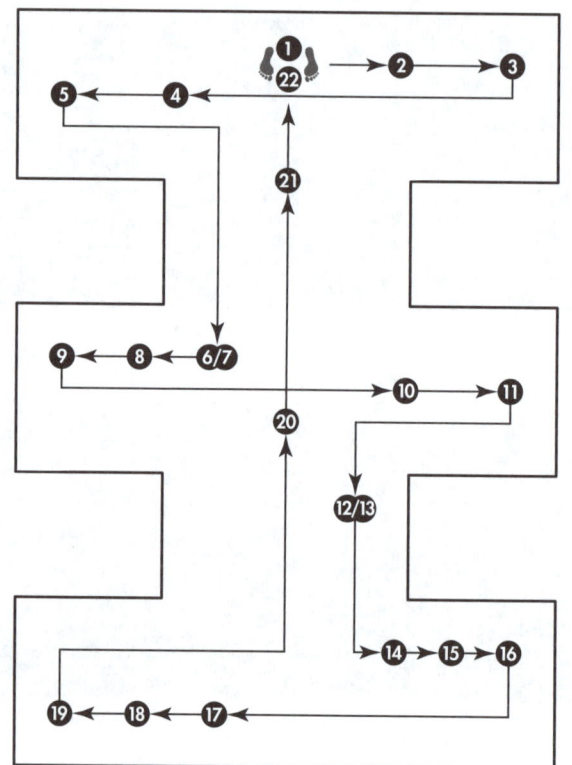

Sambo derion (luta combinada com 3 movimentos)

Iniciamos aqui o treinamento de defesa pessoal. O objetivo deste tipo de treino é desenvolver o reflexo e a técnica do aluno, especialmente para defesa pessoal. Neste caso específico, a defesa contra ataques de soco.

Um praticante vai atacar três vezes com socos na altura do tronco (*ap kubi montong tirigui*), iniciando sempre com o lado direito. O outro praticante vai recuar e defender-se (*ap kubi montong bakat maki*), iniciando com o lado esquerdo e repetindo para o outro lado. Quando for atacado com o terceiro soco, efetua um contra-ataque em seu oponente. Treinamos com três ataques para que o atleta repita várias vezes as defesas e tenha tempo de preparar mentalmente o contra-ataque desejado.

1–*Tchariot*. 2–Acertando a distância. 3–*Kiunne*.

4–*Jumbi*. 5–Atleta da direita prepara-se para atacar. 6–Atleta da direita avança com o pé direito e ataca com soco na altura do tronco. Atleta da esquerda recua o pé direito e defende.

7–Atleta da direita repete o ataque para o lado esquerdo e o atleta da esquerda defende.

DEFESA 1

Defesa 1 – visão lateral.

DEFESA 2

Defesa 2 – visão lateral.

DEFESA 3

Defesa 3 – movimento 1.

Defesa 3 – movimento 2.

DEFESA 4

Defesa 4 – movimento 1.

Defesa 4 – movimento 2.

Defesa 4 – movimento 3.

DEFESA 5

Defesa 5 – movimento 1.

Defesa 5 – movimento 2.

Defesa 5 – movimento 3.

Kerougui (luta)

Na grande maioria das academias brasileiras o aprendizado da luta desportiva se inicia na faixa amarela. A partir desta faixa, a luta, mesmo que sem contato, será obrigatória em todos os exames de faixa. Na luta desportiva existem regras que o praticante irá conhecer na medida em que avançar na sua graduação. Para evitar que os praticantes se lesionem, o professor poderá estabelecer algumas regras especiais como:

Orientação principal

Lutar sem contato. Este tipo de luta não prepara o atleta para uma competição real, mas ajuda a desenvolver o controle e o equlíbrio. Se na faixa anterior os alunos já treinavam este tipo de luta e já desenvolveram bem o controle de distância e a coordenação motora, então podemos passar para outro tipo de treino.

Outros exercícios – lutar com contato moderado

Sempre que forem lutar com contato, os praticantes deverão usar protetores de tronco e utilizar apenas técnicas de chutes e soco na altura do tronco com, no máximo, 70% de sua força. Este tipo de treinamento é muito bom, pois ensina o aluno, de forma gradual, a manter o equilíbrio físico e emocional ao receber golpes. Para controlar todos estes procedimentos é importante que os alunos só lutem na presença do professor que vai orientá-los a controlar os ânimos e a intensidade.

Outro aspecto que deve ser trabalhado é o tempo de luta. Recomendo aos alunos desta faixa que se acostumem a lutar por, no mínimo, 30 segundos ininterruptos. Este tempo bastante curto deverá ser aumentado gradualmente a cada faixa.

Kiopa (quebramento)

Se o treinamento de técnicas de quebramento ainda não foi iniciado podemos iniciá-lo nesta faixa, treinando o *timio ap tchagui*. Se já foi iniciado na faixa anterior, podemos dar sequência treinando o *timio dubal ap tchagui* em raquetes. A diferença do primeiro para o segundo é que, no segundo, executamos dois *ap tchaguis* no ar: o primeiro mais baixo e o segundo mais allto.

Timio dubal ap tchagui – procedimento 1.    *Timio dubal ap tchagui* – procedimento 2.    *Timio dubal ap tchagui* – procedimento 3.

Timio dubal ap tchagui – aplicação 1.    *Timio dubal ap tchagui* – aplicação 2.    *Timio dubal ap tchagui* – aplicação 3.

Iron (conhecimento teórico)

Juramento do Taekwondo

Nesta faixa, o aluno deve saber o significado do terceiro item do Juramento do Taekwondo.

> EU PROMETO:
> 1– Observar as regras do Taekwondo.
> 2– Respeitar o instrutor e meus superiores.
> **3– Nunca fazer mau uso do Taekwondo.**

O terceiro item do juramento é o comprometimento dos praticantes a usarem as técnicas aprendidas, preferencialmente apenas nos locais de treinamento, sempre com respeito e bom senso. Fora do local de treinamento só podem ser utilizadas quando houver necessidade extrema, e sempre orientadas pelo bom senso e autocontrole. Diz o ditado oriental que "realmente forte é o homem que vence pelas palavras, mesmo podendo vencer lutando".

Espírito do Taekwondo.

Da mesma forma que no Juramento do Taekwondo, o praticante, nesta faixa, deverá conhecer e respeitar o terceiro item do Espírito do Taekwondo:

1. Cortesia;
2. Integridade;
3. **Perseverança.**

Perseverança é a força, a vontade de continuar, buscando atingir os objetivos e não desistir diante das dificuldades. Na medida em que avançamos no aprendizado do Taekwondo ele se torna mais difícil, exigindo de nós mais esforço, habilidade, concentração e coragem.

Devido a esta dificuldade crescente, alguns tropeços e derrotas são inevitáveis. Para superá-los e atingir nossas metas precisamos persistir. A esta capacidade de continuar lutando para atingir nossas metas chamamos de perseverança, que é uma qualidade fundamental dos campeões e importante em todos os aspectos da vida.

Vocabulário básico

1. **Sogui**: base (posicionamento dos pés);
2. **Ap sogui**: base frontal, com uma perna à frente da outra, na distância de um passo;
3. **Olgul**: face, rosto;
4. **Miro**: empurrão;
5. **Bandal**: chute semicircular, batendo com o peito do pé na altura do tronco do adversário;
6. **Il**: primeiro;
7. **Hana** (pronuncia-se "raná"): um;
8. **Han** (pronuncia-se "ran"): único;
9. **Sam bo derion**: luta combinada com três ataques;
10. **Kerougui**: luta.

Currículo para exame de faixa

KIBON DONJACK	6 posições aprendidas nesta faixa.
CHUTES	*Bandal tchagui, miro tchagui* e mais dois chutes já ensinados.
POMSE	*Taeguk il jang* e *Saju pomse* (opcional).
LUTA COMBINADA	Cinco variações de *Sam bo derion*.
LUTA	No mínimo 30 segundos de luta.
KIOPA (QUEBRAMENTO)	*Timio ap tchagui* com as duas pernas na raquete.
CONHECIMENTO	Ao critério do professor.
POSTURA	Avaliação pessoal do examinador.

Dica de etiqueta

Enquanto estiver com o paletó (a parte de cima) do *dobok*, continue com a faixa na cintura. Se por algum motivo, tiver de ficar sem faixa, tire também o paletó e fique de camiseta.

TAEKWONDO FUNDAMENTAL

CAPÍTULO 7

FAIXA AMARELA/VERDE
(7° GUB)

DEPOIS DE APRENDER AS PRIMEIRAS noções de luta e de defesa pessoal, ensinadas na faixa amarela, nesta faixa estes aspectos serão mais valorizados. Chutes mais difíceis e defesa pessoal para o lado esquerdo farão parte do treinamento.

Primeiros ensinamentos

Dum jumok

Com a mão fechada podemos executar ataques de várias formas. A parte externa da mão fechada (costas da mão) é denominada *dum* jumok, e com ela podemos atacar o rosto dos adversários.

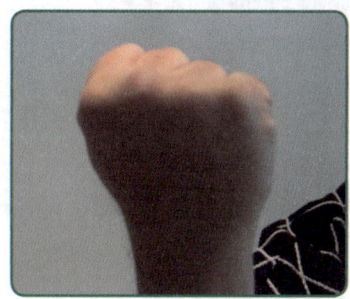

Dun jumok – costas da mão.

Tiro tora

É a palavra de comando (pronuncia-se *tiro torá*), em coreano, para os alunos darem meio volta, preparando-se para continuar o treinamento que estão fazendo na direção oposta.

I bo derion (luta combinada)

É uma luta combinada, pouco usada no Brasil. Entretanto, considero muito importante, pois é complementar ao *sambo derion* (três ataques) e ao *il bo derion* (um ataque) que, em geral, são treinados apenas para o lado direito. Pouco vão adiantar os anos que passamos treinando defesas contra um soco de direita quando enfrentarmos um canhoto.

O mesmo vale para atletas de competição. Devemos saber atacar e contra-atacar, sempre, para os dois lados.

Na faixa anterior, foram treinadas as esquivas, os bloqueios e os contra-ataques, sempre no terceiro ataque, efetuado com o braço direito. Portanto, nos movimentávamos sempre para o nosso lado direito. Agora, vamos contra-atacar no segundo soco do nosso adversário, efetuado com o braço esquerdo. Treinaremos, portanto, esquivas, bloqueios e contra-ataques para o nosso lado esquerdo, o que é extremamente importante.

Kibon donjack

Ap kubi olgul tirigui

Com base *ap kubi*, atacar com soco na altura do rosto.

Ap kubi olgul tirigui.

Ap kubi olgul maki.

Ap kubi olgul maki

Com a base *ap kubi*, defender de um ataque que venha de cima para baixo.

Ap kubi dun jumok ap tiki

Ataque frontal com as costas do punho fechado, no rosto do adversário.

Preparando o ataque.

Executando *ap kubi dun jumok ap tiki.*

Ap kubi montong maki

Defesa, na altura do tronco, de fora para dentro.

Ap kubi montong maki.

Ap kubi montong an maki.

Ap kubi montong an maki

Defesa, na altura do tronco, de fora para dentro, com o braço ao inverso da perna que estiver à frente.

Ap kubi montong bakat maki

Defesa, na altura do tronco, de dentro para fora.

Bal ki sul (técnicas de chutes)

Ap kubi montong bakat maki.

Tolho tchagui

Levanta-se o joelho para frente e para cima, até que ele atinja a altura do peito, com a perna bem dobrada. Em seguida, vira-se o quadril, mantendo o tronco ereto e os olhos no adversário. Na sequência, distende-se a perna num movimento circular, até atingir o alvo com o peito do pé ou com a planta do antepé (parte da planta do pé entre os dedos e o arco). Enquanto executa este movimento, o pé de apoio deve girar levando o calcanhar na direção do alvo. Após o chute, dobra-se rapidamente a perna voltando o pé para o chão.

Tolho tchagui – procedimento 1.

Tolho tchagui – procedimento 2.

Tolho tchagui – procedimento 3.

Tolho tchagui – procedimento 4.

Tolho tchagui – aplicação 1.

Tolho tchagui – aplicação 2.

Tolho tchagui – aplicação 3.

Tolho tchagui – aplicação 4.

Yop tchagui

Inicia-se levantando o joelho para frente (para cima) e quando atinge a altura do peito gira-se o quadril e o tronco para o lado, mantendo o joelho na linha do peito. Em seguida, projeta-se o quadril na direção do alvo distendendo a perna e atingindo o alvo com a sola ou com a "faca do pé".

Yop tchagui – procedimento 1.

Yop tchagui – procedimento 2.

Yop tchagui – procedimento 3.

Yop tchagui – procedimento 4.

Yop tchagui – aplicação 1.

Yop tchagui – aplicação 2.

Yop tchagui – aplicação 3.

Yop tchagui – aplicação 4.

Pomse – taeguk i jang

As ações no *tae guk i Jang* são baseadas no princípio *TAE* do *Palgwe*. Este princípio representa o lago, a alegria e a mente forte. As águas calmas da superfície do lago escondem tesouros de grande valor, assim como uma rica variedade de vidas que pulsam intensamente. Da mesma forma, isto ocorre com os homens realmente sábios e fortes, que transparecem calma em seu semblante. A alegria é uma grande virtude que fortalece a mente, melhora a imunidade dos homens e os torna mais gentis. Devemos executar este *pomse* com alegria, às vezes com leveza e graça e às vezes com vigor.

1–*Jumbi*. 2–Movendo o pé esquerdo, girar 90° para o lado esquerdo e executar *uen ap sogui are maki*. 3–Avançando com a perna direita, executar *orun ap kubi montong tirigui*. 4–Movendo o pé direito, girar 180° para a direita e executar *orun ap sogui are maki*.

5–Avançando com a perna esquerda, executa *uen ap kubi montong tirigui*. 6–Movendo o pé esquerdo, girar 90° para a esquerda e executar *uen ap sogui montong an maki*. 7–Avançando um passo com a perna direita, executar *orun ap sogui montong an maki*. 8–Movendo a perna esquerda, girar 90° para a esquerda e executar *uen ap sogui are maki*.

9–Avançando a perna direita e levantando o joelho direito, chutar *ap tchagui*. 10–Em seguida, executar *orun ap kubi olgul tirigui*. 11–Movendo a perna direita, girar o tronco 180° para a direita executar *orun ap sogui are maki*. 12–Avançando a perna esquerda e levantando o joelho esquerdo, chutar *ap tchagui*.

13-Em seguida, executar *uen ap kubi olgul tirigui*. 14-Movendo a perna esquerda e girando 90° para o lado esquerdo, executar *uen ap sogui olgul maki*. 15-Avançando um passo com a perna direita, executar *urun ap sogui olgul maki*. 16-Mover a perna esquerda e girar o tronco 90° para a esquerda (por trás), executar *uen ap sogui montong an maki*.

17-Movendo a perna direita por trás, girar o tronco 180° para a direita e executar *orun ap sogui montong an maki*. 18-Movendo a perna esquerda 90° para a esquerda, executar *uen ap sogui are maki*. 18a-Visão frontal. 19-Avançando a perna direita e levantando o joelho direito, chutar *ap tchagui*.

19a-Visão frontal. 20-Em seguida, executar *orun ap sogui montong tirigui*. 20a-Visão frontal. 21-Avançando a perna esquerda e levantando o joelho esquerdo, chutar *ap tchagui*.

21a-Visão frontal. 22-Em seguida, *uen ap sogui montong tirigui*. 22a-Visão frontal. 23-Avançando a perna direita e levantando o joelho direito, chutar *ap tchagui*.

23a–Visão frontal. 24–Em seguida, executar *orun ap sogui montong tirigui* com *kihap* (grito). 24a–Visão frontal. 25–Movendo a perna esquerda e girando o tronco 180° por trás, retornar à posição *jumbi sogui*.

DIAGRAMA TAEGUK I JANG

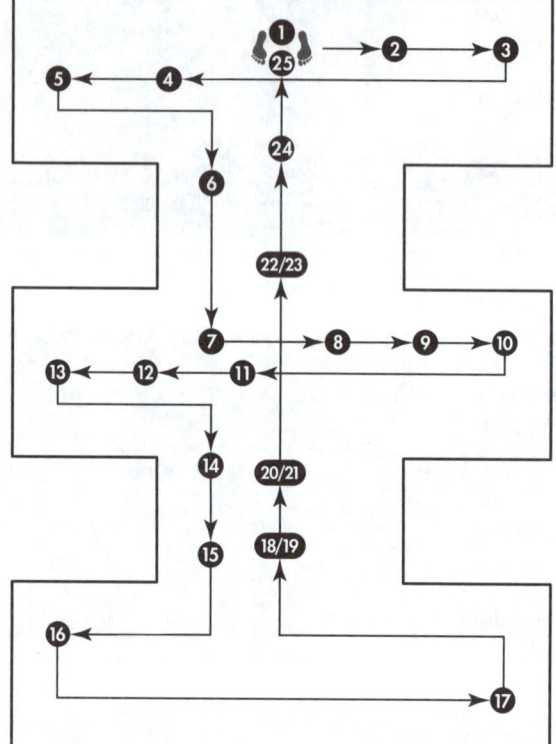

Kerougui (luta)

Orientação principal

Se na faixa anterior os alunos treinaram e aprenderam a controlar a força dos golpes e a assimilar golpes de força fraca ou moderada, podemos dar um passo adiante. Sempre que praticantes da mesma categoria de peso e de nível técnico proporcional lutarem, podemos liberar que utilizem chutes no tronco com potência máxima, porém os chutes acima dos ombros deverão ser sempre leves, com pouca potência.

O melhor exercício para aprimorar sua *performance* de luta é lutar. Lute sempre que puder, quanto mais, melhor, mas sempre seguindo a orientação do seu professor, e tomando cuidado com o próprio corpo e com o de seus adversários.

Tempo

Os praticantes deverão treinar constantemente para lutar por no mínimo 1 minuto ininterrupto, mantendo a intensidade e a *performance*.

Outros exercícios

Dando prosseguimento ao nosso desenvolvimento, podemos trabalhar com um exercício no qual, durante 1 minuto de luta, os praticantes só podem utilizar ataques ou contra-ataques duplos (com 2 chutes). Isto vai desenvolver a coordenação motora e a capacidade de aplicar sequências de ataques ou contra-ataques. É um treinamento muito útil para ser aplicado, em algumas situações, em campeonatos.

Kiopa (quebramento)

Nesta faixa, daremos sequência com quebramentos realizados com o chute *timio miro tchagui*. O treinamento desta técnica serve para ensinarmos os praticantes a saltarem e desenvolverem a coordenação motora.

É uma técnica importante que servirá de base para o aprendizado do quebramento da próxima faixa. Podemos treiná-la chutando em uma raquete. Posteriormente podemos aumentar a altura da raquete ou colocar algum obstáculo para que o aluno pule por cima, antes de executar o chute.

Timio miro tchagui – procedimento 1.

Timio miro tchagui – procedimento 2.

Timio miro tchagui – procedimento 3.

Timio miro tchagui – procedimento 4.

Timio miro tchagui – aplicação 1.

Timio miro tchagui – aplicação 2.

Timio miro tchagui – aplicação 3.

Timio miro tchagui – aplicação 4.

Iron (conhecimento teórico)

Juramento

Nesta faixa, o aluno deve saber o significado do quarto item do Juramento do Taekwondo.

> EU PROMETO:
> 1– Observar as regras do Taekwondo.
> 2– Respeitar o instrutor e meus superiores.
> 3– Nunca fazer mau uso do Taekwondo.
> **4– Ser campeão da liberdade e da justiça.**

Para ser campeão da liberdade e da justiça, não é preciso ganhar nenhum troféu ou campeonato. O simples fato de defender a liberdade e a justiça cobre de honra e torna campeões os que assim agem. Os praticantes de Taekwondo, conhecedores e conscientes dos valores desta arte, podem ser grandes colaboradores na construção de uma sociedade mais livre e justa.

Espírito do Taekwondo

Nesta faixa, o praticante deverá conhecer o significado e respeitar o quarto item do Espírito do Taekwondo:

1. Cortesia;
2. Integridade;
3. Perseverança;
4. **Domínio sobre si mesmo (autocontrole).**

O autocontrole é a capacidade de agir com lucidez em momentos difíceis, mantendo as emoções sob o controle do raciocínio e do bom senso. A prática do Taekwondo nos proporciona uma destreza física e uma capacidade de atacar e defender-se muito maior e diferente das pessoas que não praticam artes marciais. Esta capacidade deve ser desenvolvida junto com o autocontrole. Assim, nossas habilidades deverão ser usadas apenas nos locais de treino e quando o seu uso for inevitável, em situações de violência e stress, mas que seja feito com bom senso e autocontrole.

Vocabulário básico

1. **Jumok**: punho fechado;
2. **Dun jumok**: Lado externo da mão, quando o punho está fechado;
3. **Tiki**: bater (atacar);
4. **Tolho**: semicírculo (meia volta);
5. **Yop**: lateral;
6. **Tul**: dois;
7. **I**: segundo;
8. **Derion**: luta;
9. **I bo derion**: luta combinada com dois ataques;
10. **Iron**: conhecimento teórico.

Currículo para exame de faixa

KIBON DONJACK	5 movimentos aprendidos nesta faixa.
CHUTES	*Tolho, yop tchagui* e mais 2 chutes já aprendidos.
POMSE	*Taeguk I jang* e *taeguk il jang* (opcional).
LUTA COMBINADA	5 variações do *i bo derion* (2 ataques).
LUTA	No mínimo 1 minuto de luta.
KIOPA (QUEBRAMENTO)	Demonstrar *timio miro tchagui* (na raquete).
CONHECIMENTO	Ao critério do professor.
POSTURA	Avaliação pessoal do examinador.

Dica de etiqueta

O *dobok* deve ser usado com as mangas da blusa e as calças estendidas. Não se deve arregaçar as mangas ou dobrar as calças acima da canela. Se o ambiente for muito quente, peça autorização para treinar com outro tipo de roupa.

TAEKWONDO
FUNDAMENTAL

CAPÍTULO 8

FAIXA VERDE
(6° GUB)

ATÉ CHEGAR A ESTA FAIXA, o praticante repetiu muitas vezes os exercícios que lhe foram ensinados, aprimorando sua condição física e sua condição técnica. Se conseguir apresentar o que aprendeu, compreender e pôr em prática os ensinamentos do juramento e do espírito do Taekwondo, então você é realmente um faixa-verde, um embrião formado de um artista marcial, com o conhecimento de técnicas que podem ser perigosas, se mal utilizadas. Procure desenvolver outras qualidades, como humildade e respeito. Elas farão de você alguém melhor do que já é.

Significado

A faixa verde significa crescimento (a planta que cresce em direção ao sol). É a etapa na qual o aluno começa a desenvolver rapidamente sua técnica.

Nesta faixa nos aproximamos do meio da jornada que leva à faixa preta. Nesta etapa, o que vamos aprender é mais difícil do que parece. Para aprendermos corretamente a executar a base *digubi*, os chutes *tit tchagui* e *tolgue*, além da luta combinada *il bo derion*, temos de estar atentos aos detalhes de cada técnica. Vamos também aprender um dos mais famosos chutes do Taekwondo, o *timio yop tchagui* (vulgarmente conhecido como "voadora"). Este chute, quando bem treinado e executado, é bastante impressionante para os que o assistem, especialmente se for executado com a finalidade de um quebramento. É nesta faixa que começamos aprender porque o Taekwondo ficou conhecido como "a luta dos homens voadores".

Primeiros ensinamentos

Digubi sogui

É a base (posição dos pés e das pernas que dão sustentação para o ataque ou para a defesa) em forma de "L", com 30% do peso apoiado no pé da frente (que fica apontado para frente) e com 70% do peso apoiado no pé de trás (que fica num ângulo de 90º em relação ao outro). Os joelhos ficam virados para a ponta dos respectivos pés. O que define o nome da base (*orum* ou *uen*) é o pé de trás.

Base *digubi* – visão frontal e lateral.

Ran sonal

Uma mão. Utilizamos esta nomenclatura para defesas ou ataques que utilizem apenas uma mão aberta.

Kibon donjack

Ap sogui ran sonal mok tiki

Na base *ap sogui*, executar um ataque com a "faca da mão" no pescoço do adversário.

Ap sogui ran sonal mok tiki – visão frontal e lateral.

Digubi sonal montong maki

Na base *digubi*, puxar os dois braços de trás para frente, executando uma defesa com a "faca da mão" aberta do braço da frente. A mão do braço de traz, também aberta, fica parada na altura do peito, preparada para executar nova defesa ou ataque.

Digubi sonal montong maki.

Digubi ran sonal montong maki

Na base *digubi*, executar a mesma defesa com o braço da frente enquanto a mão de trás, fechada, volta para a altura da faixa.

Digubi ran sonal montong maki.

Digubi montong bakat maki

Na base *digubi*, executar uma defesa com o antebraço e a mão fechada, de dentro para fora, na altura do tronco.

Digubi montong bakat maki.

Digubi montong maki

Na base *digubi*, executar uma defesa com o antebraço e a mão fechada, de fora para dentro, na altura do tronco.

Digubi montong maki.

Digubi montong an maki

Na base *digubi*, executar uma defesa, com o antebraço e com a mão fechada com o braço de trás.

Digubi montong an maki.

Bal ki sul (técnicas de chutes)
Tolgue tchagui

É um chute de técnica mais elaborada. É executado após um giro de corpo, deslizando pelo chão ou saltando. Recomendamos que antes de fazer o chute saltando, o praticante treine muito executá-lo, deslizando pelo chão. Primeiro em velocidade lenta e, depois, fazendo o movimento cada vez mais rápido, até que o salto saia naturalmente, como consequência da velocidade. O giro inicial tem duas finalidades: a) confundir o adversário, que espera por um chute *tit tchagui* no primeiro movimento, quando apenas é efetuado o giro; b) acertar a distância para o impacto, uma vez que o giro pode ser efetuado para frente ou para trás.

Tolgue tchagui – procedimento 1.

Tolgue tchagui – procedimento 2.

Tolgue tchagui – procedimento 3.

Tolgue tchagui – procedimento 4.

Tolgue tchagui – aplicação 1.

Tolgue tchagui – aplicação 2.

Tolgue tchagui – aplicação 3.

Tolgue tchagui – aplicação 4.

Tit tchagui

Em coreano "*tit*" significa para trás, e o *tit tchagui* é um chute no qual o atleta gira a perna, o quadril e o tronco, respectivamente, ficando quase totalmente de costas para o adversário, no momento de desferir o chute. Sua execução se inicia com o impulso do pé de trás contra o solo.

    Uma vez impulsionado o pé (e a perna), avança para frente, passando ao lado, e rente ao joelho, da perna de apoio, seguindo em direção ao alvo (adversário, raquete etc.). O pé de apoio, que serve como eixo, gira na ponta do pé (ou até sem tocar o chão), até que o calcanhar, fora do chão, aponte na direção do chute. O *tit tchagui* é um chute muito forte e quase sempre executado com os pés fora do chão.

Tit tchagui – procedimento 1.    *Tit tchagui* – procedimento 2.    *Tit tchagui* – procedimento 3.

Tit tchagui – aplicação 1.    *Tit tchagui* – aplicação 2.    *Tit tchagui* – aplicação 3.

Sequência (três chutes recuando)

Quando o praticante treinar esta sequência recuando, vai confirmar que é muito mais difícil chutar recuando do que avançando. Isto ocorre, pois temos de ter uma coordenação motora tal que nos permita jogar o peso do corpo para trás e, com o mesmo impulso, chutar para a frente.

Pomse – taeguk sam jang

Todas as ações deste *pomse* foram inspiradas na aplicação do princípio "Ri" do *Palgwe*. Este princípio representa o fogo e o Sol.

O fogo, que pode ser destrutivo, e é sempre perigoso, quando controlado, pode aquecer e iluminar. O fogo e o Sol também são símbolos do poder, da vitalidade e da justiça.

A execução deste *pomse* deve sempre refletir o poder do fogo e do Sol. Devemos executá-lo com intensidade e vivacidade. O principal objetivo da prática deste *pomse* é desenvolver a agilidade no ataque.

Quando estiver treinando um *pomse*, imagine sempre que está lutando com um ou mais adversários. Concentre seus esforços como se estivesse executando ataques e defesas reais.

1–*Jumbi sogui*. 2–Movendo a perna esquerda, girar 90° para a esquerda e executar *uen ap sogui are maki*. 3–Avançando a perna direita e levantando o joelho direito, executar *ap tchagui*. 4–Em seguida, executar *orun ap kubi montong tirigui*.

5–Mantendo a base, executar *orun ap kubi montong baro tirigui*. 6–Movendo a perna direita, girar 180° para a direita e executar *orun ap sogui are maki*. 7–Movendo a perna esquerda e levantando o joelho esquerdo, executar *ap tchagui*. 8–Em seguida, executar *uen ap kubi montong tirigui*.

9–Mantendo a base, executar *uen ap kubi montong baro tirigui*. 10–Puxando a perna esquerda, girar 90° para a esquerda e executar *uen ap sogui sonal mok tiki*. 11–Avançar a perna direita, executar *orun ap sogui sonal mok tiki*. 12–Movendo a perna esquerda para o lado esquerdo, executar *digubi ran sonal montong maki*.

13–Deslizando a perna esquerda para frente, executar *uen ap kubi montong baro tirigui*. 14–Movendo a perna direita, girar o tronco 180° para a direita e executar *digubi ran sonal montong maki*. 15–Deslizando a perna direita, executa *orun ap kubi baro tirigui*. 16–Puxando a perna esquerda, girar 90° para a esquerda e executar *uen ap sogui montong an maki*.

17-Avançando a perna direita, executar *orun ap sogui montong an maki*. 18-Girando o tronco 270° para a esquerda, por trás executar *uen ap sogui are maki*. 19-Avançar a perna direita, levantando o joelho direito e chutar *ap tchagui*. 20-Em seguida, executar *orun ap kubi montong tirigui*.

21-Mantendo a base, executar *orun ap kubi montong baro tirigui*. 22-Movendo a perna direita, girar 180° pelo lado direito e executar *orun ap sogui are maki*. 23-Movendo a perna esquerda e levantando o joelho esquerdo, chutar *ap tchagui*. 24-Em seguida, executar *uen ap kubi montong tirigui*.

25-Mantendo a base, executar *uen ap kubi baro tirigui*. 26-Movendo a perna esquerda, girar 90° para o lado esquerdo e executar *uen ap sogui are maki*. 26a-Visão frontal. 27-Mantendo a base, executar *uen ap sogui baro tirigui*.

27a-Visão frontal. 28-Avançando a perna direita, executar *orun ap sogui are maki*. 28a-Visão frontal. 29-Mantendo a base, executar *orun ap sogui montong baro tirigui*.

29a–Visão frontal. 30–Avançando a perna esquerda e levantando o joelho esquerdo, executar *ap tchagui*. 30a–Visão frontal. 31–Em seguida executa *uen ap sogui are maki*.

31a–Visão frontal. 32–Mantendo a base, executar *uen ap sogui montong baro tirigui*. 32a–Visão frontal. 33–Movendo a perna direita e levantando o joelho direito, chutar *ap tchagui*.

33a–Visão frontal. 34–Em seguida, executar *orum ap sogui are maki*. 34a–Visão frontal. 35–Mantendo a base, executar *orun ap sogui montong baro tirigui*, com *kihap* (grito).

35a–Visão frontal. 36–Puxando a perna esquerda, girar 270°, retorna à posição *jumbi sogui*.

DIAGRAMA TAEGUK SAM JANG

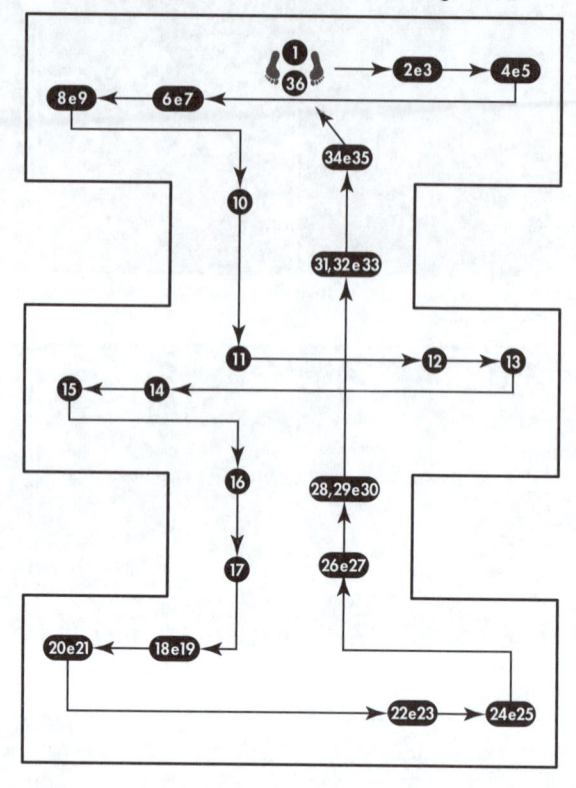

Il bo derion (luta combinada)

Il bo derion é o treinamento de defesa e contra-ataque, após um único ataque (*IL*). Existem muitas técnicas de *IL bo derion*, contra vários tipos de ataque. Nesta faixa, treinaremos uma defesa e revide, contra um ataque com chute lateral.

DEFESA 1

1–Defesa 1: posição de luta. 2–Atleta da esquerda ataca com *bandal tchagui*. Atleta da direita move a perna direita, se esquivando do chute.

3–Atleta da direita bloqueia o chute com o braço esquerdo e contrataca com soco. 4–Detalhe do contra-ataque.

DEFESA 2

1–Defesa 2: posição de luta. 2–Atleta da esquerda inicia o ataque. Atleta da direita se esquiva na diagonal para a esquerda.

3– Atleta da esquerda executa *yop tchagui*. Atleta da direita desvia o chute com o braço. 4–Atleta da direita contra-ataca com *ap tchagui*, entre as pernas do adversário.

DEFESA 3

1–Defesa 3: posição de luta. 2–O atleta da esquerda inicia o ataque e o atleta da direita prepara o bloqueio. 3–Atleta da esquerda ataca *bandal tchagui*. O atleta da direita bloqueia.

4–Visão frontal. 5–Após segurar a perna do adversário, o atleta da direita gira o corpo 180° e ataca o rosto do atleta da esquerda.

DEFESA 4

1–Defesa 4: posição de luta. 2–O atleta da esquerda inicia o ataque. O atleta da direita, se esquiva para o lado direito. 3–O atleta da direita segura a perna do adversário e prepara o contra-ataque.

4–O atleta da direita salta. 5–O atleta executa o contra-ataque, batendo com o cotovelo no joelho do adversário.

DEFESA 5

1–Defesa 5: posição de luta. 2–O atleta da esquerda inicia o ataque e atleta da direita se esquiva para a direita. 3–O atleta da esquerda ataca com *yop tchagui* e o atleta da direita desvia o chute com o braço.

4–O atleta da direita segura a perna com o braço e ataca o joelho direito do adversário com chute lateral. 5–Conclusão do movimento.

Kerougui (luta)

Objetivo principal

Dos mais de dez chutes já ensinados até esta faixa, quantos você consegue utilizar quando está lutando na academia? Se você usa, constantemente, pelo menos cinco chutes diferentes, está no caminho certo. Caso contrário, é preciso treinar mais e focar na diversificação dos ataques.

Na faixa verde, o praticante deve ter um condicionamento que lhe permita lutar intensamente por, no mínimo, 1min30s seguidos.

Uma qualidade fundamental para a luta é a resistência. Sem resistência, a cada segundo de luta você ficará mais fraco diante de seu inimigo. Converse com seu professor e desenvolva a resistência.

Outro exercício de luta (3 chutes)

Vamos repetir o exercício da faixa passada, mas agora o praticante deve lutar usando apenas sequências de três chutes, cada vez que atacar ou contra-atacar. O objetivo é desenvolver a coordenação motora, a agressividade e o volume nas ações do praticante, para que sejam usadas quando necessário.

Kiopa (quebramento)

Timio yop tchagui

Nesta faixa vamos treinar um dos mais poderosos e admirados chutes do Taekwondo. Ele consiste em um salto, recolhendo e dobrando uma das pernas embaixo do corpo, protegendo a região genital, e atacando com a outra perna. O ataque é um chute lateral com a perna esticada batendo com a "faca" ou com a sola do pé no alvo.

Timio yop tchagui.

Iron (conhecimento teórico)

Juramento

Nesta faixa, o aluno precisa compreender o significado do quinto item do Juramento do Taekwondo.

> EU PROMETO:
> 1– Observar as regras do Taekwondo.
> 2– Respeitar o instrutor e meus superiores.
> 3– Nunca fazer mau uso do Taekwondo.
> 4– Ser campeão da liberdade e da justiça.
> 5– Construir um mundo mais pacífico.

Omitir-se é deixar que os outros decidam por você o que, na maioria das vezes, não é bom, e agir com violência só gera mais violência. Entretanto, pelo mesmo raciocínio, agir com sabedoria, cortesia, compreensão e prudência, tende a trazer bons retornos.

Por esta razão, nós que praticamos o Taekwondo, nos comprometemos a dar nossa contribuição para termos um mundo melhor e mais pacífico.

O Espírito do Taekwondo

Na faixa verde, o praticante deverá conhecer o significado e respeitar o quinto item do Espírito do Taekwondo:

1. Cortesia;
2. Integridade;
3. Perseverança;
4. Domínio sob si mesmo (autocontrole);
5. **Espírito indomável.**

Esta é a qualidade fundamental para superarmos as armadilhas do fracasso, do sucesso momentâneo, e continuar buscando nossos objetivos com a mesma intensidade e retidão. As dificuldades, as derrotas, o cansaço e o medo sempre nos tentam a desistir, a recuar, a mudar de opinião e a escolher o caminho mais fácil, por mais errado que ele seja. Já as vitórias, o sucesso e os aplausos, mesmo que merecidos, podem nos iludir a crer que somos melhores do que realmente somos, e que o sucesso é fruto do nosso talento e do destino e não do nosso esforço. Enganos estes que podem nos levar a diminuir nosso ritmo e intensidade no trabalho. O espírito indomável é o ânimo que nos mantém focados em nosso comportamento, conservando-nos íntegros e comprometidos com a verdade.

Vocabulário básico

1. *Digubi sogui*: base com os pés em 90° e pernas dobradas;
2. *Sonal*: "faca da mão";
3. *Ran sonal*: uma "faca da mão";
4. *Mok*: pescoço;
5. *Tit*: para trás, de costas;
6. *Tolgue* (pronuncia-se "tolguê"): girar, rodopiar;
7. *San*: terceiro;
8. *Set* (pronuncia-se "sê"): três;
9. *Il bo derion*: luta combinada com um ataque e uma defesa;
10. *Gub*: graduação, grau (estágio, graduação das faixas).

Currículo para exame de faixa

KIBON DONJACK	5 movimentos ensinados nesta faixa.
CHUTES	*Tolgue*, *tit*, mais dois chutes ensinados nesta faixa. Além disso, mais sequências de 3 chutes recuando.
POMSE	*Taeguk sam jang*. Opcional: um dos *pomses* anteriores.
LUTA COMBINADA	5 técnicas de *il bo derion* contra ataque de chute lateral (*yop tchagui*)
LUTA	Lutar no mínimo 1min30s, ininterruptos.
KIOPA (QUEBRAMENTO)	Demonstração de *timio yop tchagui*.
CONHECIMENTO	Ao critério do professor.
POSTURA	Avaliação do examinador sobre o examinadado.

TAEKWONDO
FUNDAMENTAL

CAPÍTULO 9

FAIXA VERDE/AZUL
(5° GUB)

A FAIXA VERDE/AZUL É O meio da jornada rumo à faixa preta. Conseguir chegar até esta etapa demonstra que o praticante possui força de vontade, determinação e, provavelmente, seguirá até o 1º *dan* (faixa preta). Com um treinamento adequado, o aluno já deve ter evoluído muito fisicamente. Aumentou sua força, sua agilidade e flexibilidade. O nível das técnicas ensinadas nesta faixa é bem alto.

Daqui para frente, é importante manter uma harmonia entre a evolução do físico e da técnica e, especialmente, do preparo psicológico. Ler mais sobre o Taekwondo, perguntar ao mestre ou ao professor o que não souber e conhecer de verdade a modalidade que você pratica, é uma forma de acelerar o preparo para ser um bom faixa-preta.

Primeiros ensinamentos

Variações da base *ap sogui*

A base *ap sogui* pode, em alguns movimentos, ter a posição dos pés alterada. Além da posição já ensinada anteriormente, com os dois pés virados para frente, também podemos ter, com a mesma distância entre eles, os pés virados em direção diferente num ângulo de 90º. O pé da frente, virado para a frente, e o pé de trás, virado para o lado.

Base aberta e base fechada

Estes são dois termos muito utilizados em competições e em treinamentos de competição. Base aberta é quando dois lutadores estão em posição de luta, com o tronco virado para o mesmo lado, um com o pé direito para trás e o outro com o pé esquerdo para trás. Já a base fechada é o contrario: é quando dois atletas estão com o tronco virado para lados opostos. Isto acontece quando os dois estão com a mesma perna para trás.

Kibon donjack

Ap sogui mejumok nerio tiki

Na base *ap sogui* (com os pés num ângulo de 90º), atacar de cima para baixo, com a parte lateral da mão, fechada, como se fosse um martelo.

Ap sogui mejumok nerio tiki – visão frontal e lateral.

Ap sogui dun jumok bakat tiki

Na base *ap sogui* normal, atacar o rosto do adversário com as costas da mão, fechada, (*dun jumok*– pronuncia-se "dun djumô" e *bakat* – pronuncia-se "bacá"), num movimento lateral de dentro para fora.

Ap sogui dun jumok bakat tiki – visão frontal e lateral.

Ap kubi pyonson kut seo tiki

Na base grande, *ap kubi*, atacar o peito do adversário, com a ponta dos dedos do braço da frente, como se fosse perfurá-lo. Enquanto a mão do braço de trás, fica posicionada logo abaixo do cotovelo, para efetuar uma possível defesa.

Ap kubi pyonson kut seo tiki – visão frontal e lateral.

Ap kubi jebipon mok tiki

Na base *ap kubi*, o braço da frente defende a cabeça de um ataque que vem de cima, enquanto o braço de trás ataca o pescoço do adverário com a "faca da mão".

Ap kubi jebipon mok tiki – visão frontal e lateral.

Ap kubi palkub tolho tiki – visão frontal e lateral.

Ap kubi palkub tolho tiki

Na base *ap kubi*, atacar a cabeça do adversário com o cotovelo, executanto um movimento de meio circulo até o alvo. A mão do braço da frente segura a mão do braço que ataca. O tronco gira lateralmente na direção do impacto e a coluna continua ereta.

Ap kubi palkub piojo tiki

É parecido com o movimento anterior. A diferença é que o cotovelo do braço de trás vai na direção da mão do braço da frente, que se encontra na altura do peito, como se estivesse segurando a cabeça do adversário. É importante ressaltar que, neste caso, é o cotovelo do braço de trás que avança e bate de encontro à mão do outro braço, não o contrário.

Ap kubi palkub piojo tiki – visão frontal e lateral.

Bal ki sul (técnicas de chutes)

Dubal tchagui

Esta técnica consiste em aplicar dois *bandal tchaguis* (um com cada perna) no ar, antes que um dos pés toque o chão.

Dubal tchagui – procedimento 1.

Dubal tchagui – procedimento 2.

Dubal tchagui – procedimento 3.

Dubal tchagui – procedimento 4.

Dubal tchagui – aplicação 1.

Dubal tchagui – aplicação 2.

Dubal tchagui – aplicação 3.

Dubal tchagui – aplicação 4.

Nerio tchagui

Neste chute (pronuncia-se "neriô"), muito utilizado em competições, o praticante eleva a perna (esticada ou dobrada) um pouco acima da cabeça do seu adversário e, então, projeta o quadril para a frente (e, às vezes, avança deslizando o pé de apoio), descendo o pé na direção do rosto do adversário.

Nerio tchagui – procedimento 1. *Nerio tchagui – procedimento 2.* *Nerio tchagui – aplicação 1.*

Nerio tchagui – aplicação 2. *Nerio tchagui – aplicação 3.*

Sequências

Uma vez que o praticante já aprendeu a fazer sequência no lugar, avançando e recuando, vamos passar para o próximo passo. Nesta faixa vamos ensiná-lo a fazer sequências de chute mudando a direção. Por exemplo, o praticante ataca duas vezes avançando e, ininterruptamente, dá um terceiro chute recuando (saltando par trás). São muitas as combinações possíveis e devemos treinar o maior número delas, pois são muito importantes em competições.

Pomse – taeguk sa jang

As ações deste *pomse* são inspiradas no principio *jin* do *palgwe*. O princípio *jin* tem como a sua principal representação o trovão. O trovão, uma das mais poderosas forças da natureza, causa susto e medo, mas só aparece antes das chuvas e das tempestades, assim como a bravura só deve aparecer quando se fizer necessário em nossa vida. Quando estudamos este princípio entendemos que ele nos ensina que, diante do perigo e do nosso medo, devemos tentar agir com calma e coragem.

Os movimentos deste *pomse* são considerados difíceis e, por isto, devemos executá-lo com atenção, sempre mentalizando a energia do trovão. Segundo alguns mestres, a prática deste *pomse* mostra, a quem o treina, como agir nos momentos imponderáveis da vida.

Quando executarmos o *ap kubi jebipom mok tiki*, devemos mexer os dois braços simultaneamente, executando a defesa e o ataque ao mesmo tempo. Neste mesmo movimento, apesar de termos de girar levemente o tronco na direção do ataque, devemos permanecer com a coluna reta e, principalmente, sem tirar a sola do pé de trás do chão.

Na hora de treinar um *pomse*, lembre-se de que os seus ombros devem sempre relaxar ao final de cada defesa ou ataque realizados.

1–*Jumbi sogui*. 2–Girar o tronco para a esquerda e executar *digubi sonal montong maki*. 3–Avançando a perna direita e trazendo as mãos junto ao tronco, executar *orun ap kubi pyonson kut seo tiki*. 4–Movendo a perna direita, girar 180° pelo lado direito e executar *digubi sonal montong maki*.

5–Avançando a perna esquerda e trazendo as mãos junto ao tronco, executar *uen ap kubi pyonson kut seo tiki*. 6–Movendo a perna esquerda, girar 90° para o lado esquerdo e executar *uen ap kubi jebi pon mok tiki*. 7–Movendo a perna direita e levantando o joelho direito, *chutar ap tchagui*. 8–Em seguida, executar *orun ap kubi montong baro tirigui*.

9–Movendo a perna esquerda para frente e girando o quadril, executar *yop tchagui*. 10–Em seguida, girar o quadril, levantar o joelho lateralmente e executar *yop tchagui* com a perna direita. 11–Colocando a perna direita à frente e executar *digubi sonal montong maki*. 12–Após mover o pé esquerdo, girando por trás, executar *digubi montong bakat maki*.

13–Avançando a perna direita e levantando o joelho direito, chutar *ap tchagui*. 14–Voltar para a mesma base e executar *digubi montong an maki*. 15–Movendo a perna direita, girando 180° para a direita, executar *digubi montong bakat maki*. 16–Avançando a perna esquerda e levantando o joelho esquerdo, executar *ap tchagui*.

17–Voltando para a mesma base, executar *digubi montong an maki*. 18–Movendo a perna 90° para a esquerda, executar *uen ap kubi jebi pom mok tiki*. 18a–Visão frontal. 19–Avançando a perna direita e levantando o joelho direito, executar *ap tchagui*.

19a–Visão frontal. 20–A perna direita cai à frente, na base *orun ap kubi*, executando *orun ap kubi dun jumok olgul tiki*. 20a–Visão frontal. 21–Puxando a perna esquerda, girar o tronco 90° para esquerda e executar *uen ap sogui montong maki*.

22–Mantendo a base, executar *uen ap sogui montong baro tirigui*. 23–Movendo a perna direita, girar 180° para o lado direito e executar *orun ap sogui montong an maki*. 24–Mantendo a mesma base, executar *orun ap sogui montong baro tirigui*. 25 movendo a perna esquerda, 90° para o lado esquerdo, executar *uen ap kubi montong maki*.

25a–Visão frontal. 26–Mantendo a base, executar *uen ap kubi montong baro tirigui*. 26a–Visão frontal. 27–Em seguida, *uen ap kubi montong tirigui*.

27a–Visão frontal. 28–Avançando com a perna direita, executar *orum ap kubi montong maki*. 28a–Visão frontal. 29–Mantendo a base, executar *ap kubi montong baro tirigui*.

29a–Visão frontal. 30–Mantendo a base, executar *orun ap kubi montong tirigui*, com *kihap* (grito). 30a–Visão frontal. 31–Puxar a perna esquerda, girando por trás, retornando à posição *jumbi sogui*.

DIAGRAMA TAEGUK SA JANG

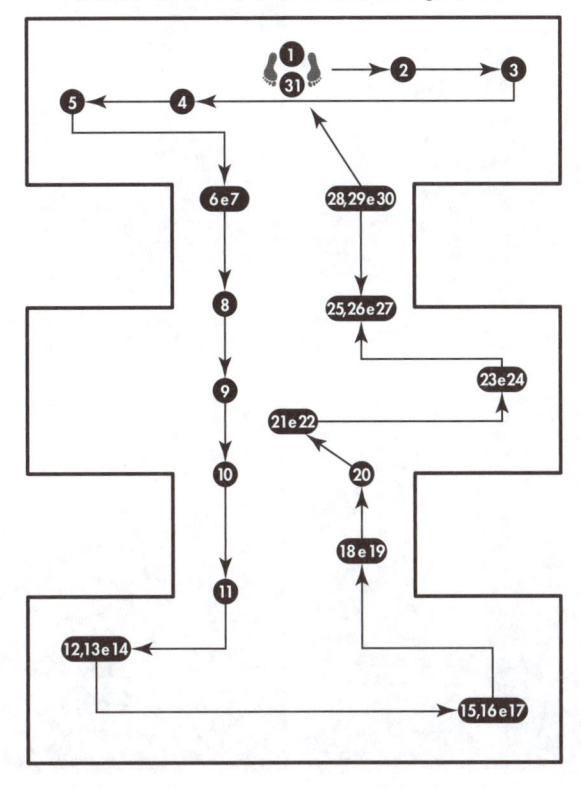

Il bo derion (luta combinada de competição – base fechada)

Nesta faixa vamos dar início ao treinamento de contra-ataques de competição. Optamos por utilizar o contra-ataque mais comum nas competições: o ataque com *bandal tchagui*. Vamos treinar cinco opções de contra-ataque, revidando um chute *bandal* no tronco.

DEFESA 1

1–Defesa 1: posição de luta. 2–Atleta da direita inicia o ataque. Atleta da esquerda prepara o bloqueio e o contra-ataque. 3–Atleta da direita ataca *bandal tchagui* e atleta da esquerda bloqueia e contra-ataca com soco.

DEFESA 2

1–Defesa 2: posição de luta. 2–Atleta da direita inicia o ataque e atleta da esquerda recua, mantendo a mesma base.

3–Atleta da direita ataca com *bandal tchagui*. 4–Atleta da esquerda contra-ataca com *bandal tchagui*.

DEFESA 3

1–Defesa 3: posição de luta. 2–Atleta da direita inicia o ataque e o atleta da esquerda prepara o bloqueio e inicia o contra-ataque. 3–Atleta da direita ataca com *bandal tchagui* e atleta da esquerda contra-ataca com *an tchagui*.

DEFESA 4

1–Defesa 4: posição de luta. 2–Atleta da direita inicia o ataque. Atleta da esquerda inicia o contra-ataque com a perna da frente.

3–Atleta da direita conclui o ataque com *bandal tchagui*. Atleta da esquerda bloqueia e ataca com *bakat tchagui*. 4–Conclusão do *bakat tchagui*.

DEFESA 5

1–Defesa 5: posição de luta. 2–Atleta da direita inicia o ataque com *bandal tchagui* e o atleta da esquerda inicia o contra-ataque. 3–O atleta da esquerda antecipa-se ao ataque do adversário e contra-ataca com *tolho tchagui* no rosto.

Kerougui (luta)

Orientação principal

Se o praticante já consegue absorver golpes recebidos e variar as técnicas de ataque e contra-ataque, este é o momento ideal para avaliar se está utilizando os dois braços e as duas pernas durante as lutas. Se houver uma predominância muito grande de uma das pernas, então a nossa principal sugestão é para que o professor oriente o praticante a utilizar mais o lado com menor aproveitamento. Existem vários exercícios para corrigir esta deficiência, mas cada praticante pode, e deve, procurar encontrar soluções pessoais com o auxílio do professor.

Nesta faixa, o aluno tem de ter a condição para lutar no mínimo 2 minutos, sem interrupção.

Procure sempre se movimentar durante a luta. Isto vai dificultar os ataques do seu adversário e dificultar que ele saiba como e quando você vai atacar.

Outros exercícios

Uma boa opção de exercício para desenvolver a potência, a coordenação motora e a resistência é dar *rounds* de 30 segundos, durante os quais cada praticante deve dar três chutes cada vez que atacar ou contra-atacar, devendo saltar no terceiro chute.

Kiopa (quebramento)

Timio yop tchagui junto com *tirigui*

Uma vez que já aprendemos o chute *timio yop tchagui*, podemos utilizá-lo de várias formas. Uma delas é aplicando o chute e, simultaneamente, dar um soco na direção oposta, como se estivesse atacando dois adversários simultaneamente. A união do chute *timio yop tchagui* com o soco (*tirigui*), passa a se chamar *timio yop tchago tirigui* (pronuncia-se "timo yop tchagô tirigui").

Timio yop tchago tirigui.

Dubal ap tchagui de demonstração

Diferentemente do primeiro dubal *ap tchagui*, ensinado anteriormente, esta técnica é aplicada com os chutes para frente, na altura do abdômen, atingindo alvos colocados em linha. Na medida em que evoluirmos, poderemos chutar cada vez mais alto.

Iron (conhecimento teórico)

Vocabulário básico

1. ***Me jumok***: lateral inferior do punho fechado;
2. ***Nerio***: ataque para baixo como um martelo;
3. ***Pionsonkut seo tiki***: ataque com as pontas dos dedos;
4. ***Jebipon mok tiki***: defender em cima da cabeça com um braço, e com o outro atacar o pescoço do adversário com a "faca da mão";
5. ***Palkub***: cotovelo;
6. ***Piojo***: bater contra algo;
7. ***Dubal***: duplo (duas vezes);
8. ***Net*** (pronuncia-se "nê"): quatro;
9. ***Sa***: quarto;
10. ***Nim***: senhor.

Currículo para exame de faixa

KIBON DONJACK	Pelo menos 5 movimentos ensinados nesta faixa.
CHUTES	*Dubal tchagui, nerio tchagui* e mais 2 chutes já ensinados.
POMSE	*Taeguk sa jang* e mais um de faixas anteriores (opcional).
LUTA COMBINADA	5 técnicas de contra-ataque de luta na base aberta.
LUTA	Pelo menos 2 minutos de luta ininterruptos.
KIOPA (QUEBRAMENTO)	Demonstrar uma das duas técnicas ensinadas.
CONHECIMENTO	Ao critério do professor.
POSTURA	Avaliação do examinador.

TAEKWONDO
FUNDAMENTAL

CAPÍTULO 10

FAIXA AZUL
(4° GUB)

Nesta faixa vamos aprender técnicas de ataque e defesa com as mãos que requerem uma atenção especial em seus detalhes. Também os dois chutes que vamos aprender no *bal ki sul* (treinamento de técnicas de chutes) e os que vamos aprender no treinamento de quebramento estão entre os mais difíceis do Taekwondo.

Significado

A faixa azul significa céu, altura. A partir desta faixa só teremos técnicas avançadas, que requerem grande habilidade, força física e dedicação para seu aperfeiçoamento.

Primeiros ensinamentos

Dikoa sogui

A base *dikoa sogui* é a que usamos sempre após darmos um pequeno salto para a frente (quase um deslizamento), para executarmos um ataque.

Base *dikoa sogui* – visão frontal e lateral.

Pitro

Esta palavra pode ser traduzida como "diagonal de dentro para fora". As defesas e os chutes que apresentam esta palavra possuem esta característica.

Pitro maki

Nesta defesa, também giramos o tronco levemente, mas a coluna permanece ereta. Evite o erro muito comum de "entortar" a coluna.

Kibon donjack

Digubi sonal are maki

Na base *digubi*, executar uma defesa puxando os dois braços de trás para frente, com ambas as mãos abertas. A mão que estiver à frente faz a defesa logo abaixo da faixa, na frente do tronco, enquanto a segunda mão fica preparada na altura do abdômen.

Digubi sonal are maki – visão frontal e lateral.

Dikoa sogui dun jumok olgul ap tiki

Após um rápido deslocamento para a frente (deslizando), na base *dikoa sogui*, executar um ataque girando o braço de baixo para cima e atingindo o rosto do adversário com as costas da mão fechada.

Dikoa sogui dun jumok olgul ap tiki – visão frontal e lateral.

Dikoa sogui jetcho tirigui

Na base *dikoa sogui*, executar um ataque de dois socos, girando os braços de baixo para cima e atingindo o abdômen do adversário.

Dicoa sogui jetcho tirigui – visão frontal e lateral.

Ap kubi ran sonal pitro maki

Na base *ap kubi*, executar uma defesa na altura do tronco, girando o braço e o tronco de dentro para fora, defendendo com a mão aberta.

Ap kubi ran sonal pitro maki – visão frontal e lateral.

Ap kubi batanson montong maki

Na base *ap kubi*, executar uma defesa, de cima para baixo, com a palma da mão aberta.

Ap kubi batanson montong maki – visão frontal e lateral.

Narani retcho maki

Na base *narani*, cruzar os dois braços à frente do peito e descruzá-los com firmeza, realizando uma defesa dupla, dos dois lados do corpo.

Cruzando as mãos, à frente do peito, preparando o movimento. Executar *narani retcho maki*.

Bal ki sul (técnicas de chutes)

Pitro tchagui

Inicia-se o movimento levantando o joelho para frente e em seguida direcionando-o para uma diagonal de dentro para fora (num ângulo de 45°), atingindo, com o peito do pé ou com a planta do antepé, um alvo que estiver na altura do tronco ou do rosto, ao nosso lado.

Pitro tchagui – procedimento 1.

Pitro tchagui – procedimento 2.

Pitro tchagui – procedimento 3.

Pitro tchagui – procedimento 4.

Pitro tchagui – aplicação 1.

Pitro tchagui – aplicação 2.

Pitro tchagui – aplicação 3.

Pitro tchagui – aplicação 4.

Furio tchagui

Inicia-se o movimento levantando o joelho para a frente com a perna dobrada e, depois, girando o quadril para dentro como se fôssemos executar um *tolho tchagui*. Em seguida, puxamos a perna no sentido contrário, à medida que a esticamos. Vamos atingir o rosto do adversário com o calcanhar ou com a sola do pé.

Furio tchagui – procedimento 1.

Furio tchagui – procedimento 2.

Furio tchagui – procedimento 3.

Furio tchagui – procedimento 4.

Furio tchagui – aplicação 1.

Furio tchagui – aplicação 2.

Furio tchagui – aplicação 3.

Furio tchagui – aplicação 4.

O grande conselho para desenvolver este chute com ambas as pernas é treiná-lo, primeiramente, numa altura bem baixa (mais ou menos na altura do joelho). À medida que for conseguindo executar seu procedimento corretamente, o praticante deve começar a chutar gradativamente mais alto, até conseguir atingir a altura do rosto.

Sequências (mudando de direção)

Nesta faixa, o praticante deve treinar sequências acima de 3 chutes, intercalando *steps* que mudem a direção para os lados, antes de seguir chutando. O tempo ou número de sequência fica a critério do professor, depende da condição física e dos objetivos do praticante.

Pomse – taeguk oh jang

Todas as ações deste *pomse* são inspiradas no princípio "son" do *palgwe*. Este princípio tem, entre as suas representações, o vento, a força invisível da natureza. O vento pode ser uma brisa suave e agradável ou um vendaval que destrói tudo a sua frente. O estudo deste princípio nos faz refletir sobre os dois lados de todas as coisas, o *yin* e o *yang*.

A sua execução evolui desde ações suaves e monótonas, aumenta sua dificuldade e intensidade, até ações muito fortes e contundentes.

Cada *pomse* tem um tempo de execução ideal. Devemos sempre treinar para que esse tempo não seja excedido ou antecipado, ou seja, um *pomse* não deve ser realizado nem muito rápido, nem muito devagar. Os praticantes devem observar com que velocidade os mais graduados executam um determinado *pomse* e, ainda, questionar seu mestre ou professor sobre este assunto.

1–*Jumbi sogui*. 2–Girando o tronco para o lado esquerdo, avança a perna esquerda e executa *uen ap kubi are maki*. 3–Puxando a perna esquerda, executar *ap sogui mejumok nerio tiki*. 4–Girando o tronco para o lado direito, avançar a perna direita e executar *orun ap kubi are maki*.

5-Puxando a perna direita, executar *ap sogui mejumok nerio tiki*. 6-Avançando com a perna esquerda, executar *uen ap kubi montong maki*. 7-Mantendo a mesma base, executar *uen ap kubi montong an maki*. 8-Avançando com a perna direita e levantando o joelho, chutar *ap tchagui*.

9-Caindo com a perna direita à frente, executar *orun ap kubi dunjumok olgul ap tiki*. 10-Mantendo a mesma base, executar *orun ap kubi montong an maki*. 11-Avançando com a perna esquerda e levantando o joelho, chutar *ap tchagui*. 12-Caindo com a perna esquerda à frente, executar *uen ap kubi olgul dunjumok ap tiki*.

13-Mantendo a mesma base, executar *uen ap kubi montong an maki*. 14-Avançando com a perna direita, executar *orun ap kubi olgul dunjumok ap tiki*. 15-Movendo a perna esquerda e girando o corpo, executar *digubi ran sonal montong maki*. 16-Avançando com a perna direita, executando *orun ap kubi palkub olgul tolho tiki*.

17-Movendo a perna direita, girando 180° para a direita, executar *digubi ran sonal montong maki*. 18-Avançando com a perna esquerda, executando *uen ap kubi palkub olgul tolho tiki*. 19-Girando o corpo 90° para a esquerda, executar *uen ap kubi are maki*. 19a-Visão frontal.

20–Mantendo a mesma base, executar *uen ap kubi montong an maki*. 20a–Visão frontal. 21–Avançando com a perna direita, levantando o joelho, chutar *ap tchagui*. 21a–Visão frontal.

22–Caindo com a perna direita à frente, na posição *ap kubi, are maki*. 22a–Visão frontal. 23–Mantendo a base, executar *orun ap kubi montong an maki*. 23a–Visão frontal.

24–Movendo a perna esquerda, 90° para a esquerda, executar *uen ap kubi olgul maki*. 25–Avançando com a perna direita, levantando o joelho e girando o quadril, chutar *yop tchagui*. 26–Caindo com a perna direita à frente, executar *orun ap kubi palkub piojo tiki*. 27–Movendo a perna direita, girando 180° para a direita, executar *orun ap kubi olgul maki*.

28–Avançando com a perna esquerda, levantando o joelho e girando o quadril, chutar *yop tchagui*. 29–Caindo com a perna esquerda à frente, executar *uen ap kubi palkub piojo tiki*. 30–Movendo a perna esquerda e girando o corpo 90° para a esquerda, executar *uen ap kubi are maki*. 30a–Visão frontal.

31–Mantendo a mesma base, executar *uen ap kubi montong an maki*. 31a–Visão frontal. 32–Avançando com a perna direita e levantando o joelho, chutar *ap tchagui*. 32a–Visão frontal.

33–Deslizando com a perna direita à frente e passando a perna esquerda por traz, executar *dikoa sogui dunjumok olgul ap tiki*, com *kihap (grito)*. 33a–Visão frontal. 34–Retornando à posição inicial, *jumbi sogui*.

DIAGRAMA TAEGUK OH JANG

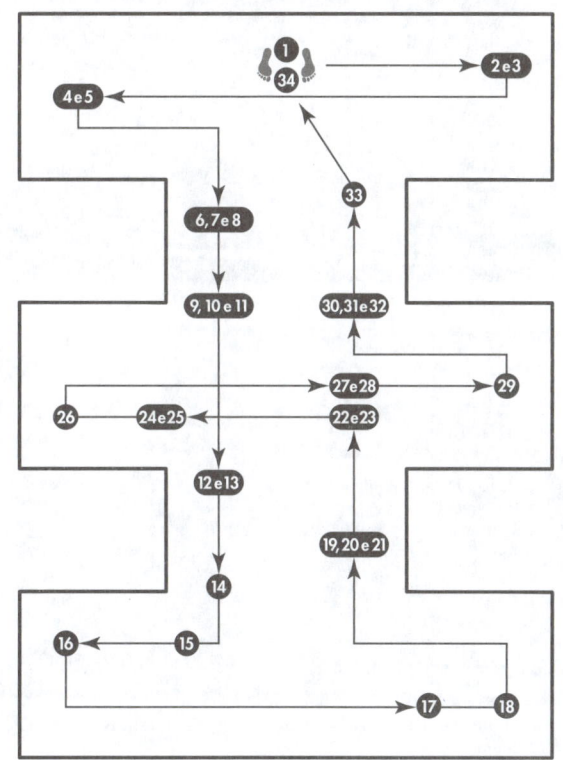

Il bo derion (luta combinada de competição – base aberta)

Dando sequência ao treinamento iniciado na faixa anterior, agora vamos treinar contra-ataques (de competição) na base aberta.

DEFESA 1

1–Defesa 1: posição de luta. 2–Atleta da esquerda inicia o ataque. O atleta da direita esquiva-se na diaginal para a esquerda. 3–Atleta da esquerda ataca com *bandal tchagui*. Atleta da direita bloqueia e soca.

DEFESA 2

1–Defesa 2: posição de luta. 2–Atleta da esquerda inicia o ataque. Atleta da direita inicia um recuo.

3–Atleta da esquerda ataca com *bandal tchagui* e atleta da direita se esquiva para trás. 4–Atleta da direita contra-ataca com *bandal tchagui*.

DEFESA 3

1–Defesa 3: posição de luta. 2–Atleta da esquerda inicia o ataque. 3–Atleta da esquerda ataca com *bandal tchagui* e atleta da direita contra-ataca com *tit tchagui*.

DEFESA 4

1–Defesa 4: posição de luta. 2–Atleta da esquerda inicia o ataque. Atleta da direita inicia o contra-ataque. 3–Atleta da esquerda ataca com *bandal tchagui*. Atleta da direita contra-ataca com *mondolho tchagui*.

DEFESA 5

1–Defesa 5: posição de luta. 2–Atleta da esquerda inicia o ataque. Atleta da direita inicia o contra-ataque com a perna da frente. 3–Atleta da esquerda ataca com *bandal tchagui*. Atleta da direira contra-ataca com *dolho tchagui*.

Kerougui (luta)

Orientação principal

Um bom lutador consegue lutar tomando a iniciativa e atacando ou esperando e contra-atacando, quando lhe convier. Para desenvolver estas capacidades tão importantes é preciso exercitá-las. Converse com seu professor para orientá-lo a desenvolver estas duas opções estratégicas.

Na luta, a melhor defesa é a esquiva; em outras palavras, é melhor esquivar do que bloquear. Quando você consegue se esquivar, além de evitar o impacto do golpe na sua defesa, você provoca uma situação de desequilíbrio no seu adversário, que precisa controlar a inércia e reencontrar o equilíbrio necessário para realizar um novo movimento.

Nesta faixa o aluno deve estar habilitado a lutar, no mínimo, dois *rounds* de 1 minuto e 30 segundos cada, com um intervalo de, no máximo, 30 segundos entre eles.

Outros exercícios

Podemos potencializar o exercício proposto na faixa anterior, dando *rounds* de 30 segundos, durante os quais cada atleta deverá atacar e contra-atacar, sempre com sequências de dois chutes, sendo o segundo com salto. Se o atleta ou seu professor desejar incrementar ainda mais o grau de exigência física deste exercício, pode ser feita uma sequência de *rounds* de 30 segundos, com os dois praticantes utilizando apenas chutes com saltos. É um exercício muito cansativo, mas extremamente produtivo.

Kiopa (quebramento)

Timio tolgue olgul tchagui

Consiste em executar o referido chute precedido de um passo (que aumenta a velocidade e incrementa o aspecto visual do chute), atingindo uma raquete, madeira ou outro objeto. O alvo deve estar na altura máxima que o praticante consiga atingir.

Timio tolgue olgul tchagui – procedimento 1.

Timio tolgue olgul tchagui – procedimento 2.

Timio tolgue olgul tchagui – procedimento 3.

Timio tolgue olgul tchagui – procedimento 4.

Timio tolgue olgul tchagui – procedimento 5.

Timio tolgue olgul tchagui – aplicação 1.

Timio tolgue olgul tchagui – aplicação 2.

Timio tolgue olgul tchagui – aplicação 3.

Timio tolgue olgul tchagui – aplicação 4.

Timio pitro tchagui (opcional)

Técnica bastante difícil e pouco utilizada atualmente. Era uma das especialidades de alguns mestres introdutores no Brasil.

Timio pitro tchagui.

Iron (conhecimento teórico)

Vocabulário básico

1. **Dikoa** *sogui*: base com uma perna cruzada, lateralmente, por trás da outra. Enquanto o pé da frente fica totalmente em contato com o solo, o pé de trás toca apenas a ponta.
2. **Jetcho**: de baixo para cima;
3. **Batanson**: palma de mão;
4. **Pitro**: na diagonal;
5. **Furio**: gancho (semicírculo);
6. **Tasot** (pronuncia-se "tasô"): cinco;
7. **Oh** (pronuncia-se "ô"): quinto;
8. **Jokionim**: ajudante do professor, monitor;
9. **Kuki**: bandeira;
10. **Kuki iukedaio kiunne**: cumprimentar a bandeira.

Currículo para exame de faixa

KIBON DONJACK	Mínimo de 5 posições ensinadas nesta faixa.
CHUTES	*Pitro tchagui, furio tchagui* e mais 2 chutes já ensinados.
POMSE	Execução do *pomse oh jang* e opcionalmente outro.
LUTA COMBINADA	Pelo menos 5 variações de contra-ataques na base fechada.
LUTA	No mínimo 2 *rounds* de 1min30s (30s de intervalo).
KIOPA (QUEBRAMENTO)	*Timio tolgue olgul tchagui.*
CONHECIMENTO	A critério do professor.
POSTURA	A critério do examinador.

TAEKWONDO
FUNDAMENTAL

CAPÍTULO 11

FAIXA AZUL/VERMELHA

(3° GUB)

ESTA É A ANTEPENÚLTIMA ETAPA antes da faixa preta. O *pomse* desta faixa tem posições altamente técnicas e os chutes exigem flexibilidade e potência para serem executados.

Nenhuma arte marcial desenvolveu tanto as técnicas de chute como o Taekwondo. O praticante deve continuar treinando todos os chutes já ensinados anteriormente e, ao mesmo tempo, desenvolver bem os chutes que serão ensinados nesta faixa.

Primeiros ensinamentos

Bom sogui

Na base *bom sogui* (base do tigre), as duas pernas ficam dobradas. A perna de trás suporta 90% do peso do corpo, com a ponta do pé virado 45 graus para fora, e a perna da frente, apoiando apenas 10% do corpo, fica com a ponta do pé no chão e apontado para frente, como se estivesse pronta para efetuar um chute frontal.

Base *bom sogui* – visão frontal e lateral.

Goduro maki

São as defesas feitas com as mãos fechadas.

Retcho

Cruzar ou descruzar os braços.

Kibon donjack

Bom sogui montong maki

Na base *bom sogui*, executar uma defesa de fora para dentro, com o braço da frente na altura do tronco.

Bom sogui montong maki.

Bom sogui batanson montong maki

Na base *bom sogui*, executar uma defesa, com a palma da mão do braço da frente, na diagonal descendente, de fora para dentro.

Bom sogui batanson montong maki – visão frontal e lateral.

Bom sogui batanson montong an maki

Na base *bom sogui*, executar uma defesa, com a palma da mão do braço de trás, na diagonal descendente, de fora para dentro.

Bom sogui batanson montong an maki – visão frontal e lateral.

Bom sogui sonal montong maki

Na base *bom sogui*, executar uma defesa puxando os dois braços de trás para frente, com as mãos abertas. O braço da frente defende de dentro para fora, na altura do tronco. A mão do braço de trás se posiciona na altura do meio do tórax, pronta para executar o próximo movimento necessário.

Bom sogui sonal montong maki – visão frontal e lateral.

Bom sogui goduro montong an maki dun jumok olgul ap tiki

Na base *bom sogui*, executar uma defesa com o braço da frente, de cima para baixo e, imediatamente, outra defesa com a palma da mão do braço de trás na diagonal descendente. Este mesmo braço de trás gira ascendentemente de dentro para fora e ataca o rosto do adversário com as costas do punho fechado.

Bom sogui dun jumok olgul ap tiki – visão frontal e lateral.

Moa sogui bo jumok

Na base *moa sogui*, levar a mão direita fechada até bater na mão esquerda aberta na altura do tronco subindo até a altura do queixo.

Moa sogui bo jumok.

Bal ki sul (técnicas de chutes)

Mondolio tchagui

É um *furio tchagui*, precedido de um giro de corpo. Não por acaso, em muitos países, é denominado *tit furio tchagui*. Consiste em iniciar com a perna de trás girando no sentido das costas, enquanto a perna de apoio tira o calcanhar do chão e gira também, servindo de eixo. Em seu percurso, a perna de trás passa bem dobrada próxima ao joelho que serve de base e, em seguida, vai estirando, até que o calcanhar ou a planta do pé atinja o alvo, com a perna estendida.

Mondolio tchagui – procedimento 1.

Mondolio tchagui – procedimento 2.

Mondolio tchagui – procedimento 3.

Mondolio tchagui – procedimento 4.

Mondolio tchagui – aplicação 1.

Mondolio tchagui – aplicação 2.

Mondolio tchagui – aplicação 3.

Mondolio tchagui – aplicação 4.

Um dado importante é que, junto com o *yop tchagui* e o *timio yop tchagui*, o *mondolio tchagui* é um dos chutes mais conhecidos do Taekwondo, tendo sido adotado por muitas outras artes marciais.

Dubal tolho tchagui

Após saltar, executar um *bandal*, antes que o pé volte ao chão, o praticante executa um *tolho tchagui* com a outra perna. A única diferença para o dubal já ensinado é que o segundo chute é um *tolho tchagui*, destinado a atingir o rosto do adversário.

Dubal tolho tchagui – procedimento 1.

Dubal tolho tchagui – procedimento 2.

Dubal tolho tchagui – aplicação 1.

Dubal tolho tchagui – aplicação 2.

Sequências

A partir desta faixa vamos elevar ainda mais o grau de dificuldade do treinamento, propondo que o praticante execute sequências maiores, com pelo menos quatro chutes. O aluno poderá treinar qualquer um dos modelos das faixas anteriores, apenas aumentando o número de chutes.

Pomse – taeguk yuk jang

As ações deste *pomse* são inspiradas no principio "gam" do *palgwe*. Entre as representações deste princípio está a água, que não é rígida, não tem forma sólida, mas que flui, penetra e perfura seus obstáculos. Quando corre para o mar a água procura os caminhos, superando os obstáculos, sem mudar sua essência e sem esquecer sua meta. O estudo deste significado nos mostra que, com determinação e regularidade, podemos superar nossos obstáculos. Devemos executar este *pomse* com suavidade e regularidade em nossas ações.

1–*Jumbi*. 2–Girando o tronco 90° para a esquerda, executar *uen ap kubi are maki*. 3–Avançando a perna direita e elevando o joelho, chutar *ap tchagui*. 4–Recuando a perna direita, executar *digubi montong maki*.

5–Girando o tronco 180° para a direita, executar *orun ap kubi are maki*. 6–Avançando a perna esquerda e elevando o joelho, chutar *ap tchagui*. 7–Recuar a perna esquerda e executar *digubi montong bakat maki*. 8–Puxando a perna direita para junto da esquerda e em seguida movendo a perna esquerda para frente executar *uen ap kubi ran sonal pitro maki*.

9–Avançar a perna direita, girando o quadril e executar *tolho tchagui*. 10–Passar rapidamente pela base *narani sogui*. 11–Avançando a perna esquerda, executar *uen ap kubi olgul bakat maki*. 12–Mantendo a base, executar *montong baro tirigui*.

13–Avançando a perna direita e elevando o joelho, chutar *ap tchagui*. 14–Caindo com a perna direita à frente na base *orun ap kubi*, executar *montong baro tirigui*. 15–Girar o tronco 180° para a direita e executar *orun ap kubi olgul bakat maki*. 16–Mantendo a base, executa *montong baro tirigui*.

17–Avançando a perna esquerda e elevando o joelho, chutar *ap tchagui*. 18–Caindo com a perna esquerda à frente na base *uen ap kubi*, executar *montong baro tirigui*. 19–Puxando a perna esquerda, para a base *narani sogui*, executar *narani are retcho maki*. 20–Avançando a perna direita, girando o quadril e cruzando os braços, com o braço esquerdo por fora, executar *orun ap kubi ran sonal pitro maki*.

21–Avançando a perna esquerda e levantando o joelho, executar *tolho tchagui*, com *kihap* (grito). 22–Passando pela base *narani sogui*, girar o tronco 90° para a direita e executar *orun ap kubi are maki*. 23–Avançando a perna esquerda e levantando o joelho, executar *ap tchagui*. 24–Recuar a perna esquerda e executar *digubi montong bakat maki*.

25–Girando o tronco 180° para a esquerda, executar *uen ap kubi are maki*. 26–Avançando a perna direita e levantando o joelho, chutar *ap tchagui*. 27–Recuar a perna direita e executar *digubi montong bakat maki*. 28–Puxando a perna direita e girando o tronco 90° para a direita, executar *digubi sonal montong maki*.

29–Puxando a perna esquerda para trás, executar *digubi sonal montong maki*. 30–Puxar o pé direito para trás, executar *uen ap kubi batanson montong maki*. 31–Mantendo a base, executar *montong baro tirigui*. 32–Puxando a perna esquerda para trás, executar *orun ap kubi batanson montong maki*.

TAEKWONDOFUNDAMENTAL 181

33–Mantendo a base, executar *montong baro tirigui*.

34–Puxando a perna direita, retornar à posição inicial, *jumbi*.

DIAGRAMA TAEGUK YUK JANG

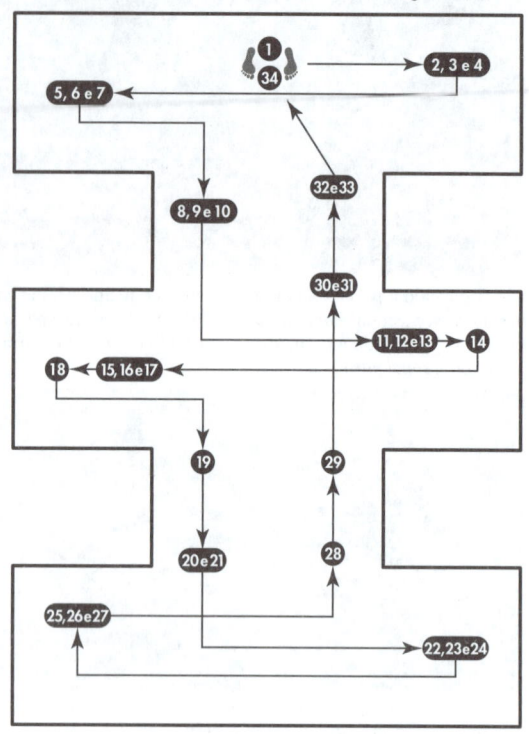

Il bo derion (defesa pessoal contra o ataque de um único soco)

Nesta etapa, o praticante aprende novas técnicas de defesa e contra-ataque após receber um soco. Podem ser utilizadas, também, as técnicas ensinadas no *sam bo derion* da faixa amarela.

1–*Tchariot*.

2–*Kiunne*. 3–*Jumbi*. 4–Atleta da esquerda prepara para atacar.

DEFESA 1

1–Atleta da direita prepara-se para o contra-ataque. 2–Atleta da esquerda ataca com soco. Atleta da direita desvia o soco com *an tchagui*. 3–Atleta da direita contra-ataca com *yop tchagui* no rosto.

DEFESA 2

1–Atleta da direita prepara para atacar. 2–Atleta da direita ataca com soco. Atleta da esquerda se esquiva para a diagonal esquerda e bloqueia com o braço direito. 3–Atleta da esquerda segura o pulso do oponente e ataca com *bandal tchagui*.

4–Na sequência, ataca *yop tchagui* no joelho. 5–E finaliza com ataque na nuca do adversário.

DEFESA 3

1–Atleta da esquerda se prepara para atacar. 2–Atleta da esquerda ataca com soco. Atleta da direita defende o soco com um *bakat tchagui*. 3–Atleta da direita contra-ataca com *tolho tchagui* no rosto do adversário.

DEFESA 4

1–Atleta da direita prepara-se para atacar. 2–Atleta da esquerda se esquiva rapidamente para frente, na diagonal, girando o tronco. 3–Em seguida, ataca com o cotovelo no estômago do adversário.

4–Na sequência, o atleta passa o braço por trás do ombro do adversário. 5–Prendendo e forçando para baixo. 6–Finalizando com um ataque na nuca.

DEFESA 5

1–Atleta da direita se prapara para atacar. 2–Atleta da direita ataca com soco. Atleta da esquerda bloqueia com os braços cruzados. 3–Atleta da esquerda gira o braço do oponente, levando-o para baixo.

4–Continuando o movimento, o atleta da esquerda eleva o braço do seu adversário e passa por baixo. 5–Após passar por baixo, pressiona o braço do seu adversário para baixo. 6–Empurrando o braço contra as costas, imobiliza seu adversário e finaliza com um ataque na nuca do oponente.

DEFESA 6

1–Atleta da esquerda se prepara para atacar. 2–Atleta da esquerda ataca com soco. Atleta da direita se esquiva na diagonal esquerda. 3–Atleta da direita defende o soco.

4–Atleta da direita segura o ombro do adversário. 5–Puxando o adversário para trás, inicia o contra-ataque. 6–Deslocando a perna e puxando o ombro, o atleta da direita desequilibra seu adversário.

7–Continuação do movimento. 8–Finaliza com ataque no rosto.

Kerougui (luta)

Orientação principal

Todo praticante deve aprender a observar seu advesário. Se ele é alto ou baixo, forte ou fraco e que técnica utiliza melhor ou pior. Baseado nesta perepção, o lutador pode estabelecer uma estratégia vencedora. Converse com seu professor a respeito e veja como pode desenvolver este raciocínio tático.

Nesta faixa o praticante deve estar preparado para lutar no mínimo 3 minutos contínuos ou 2 *rounds* de 2 minutos, com 30 segundos de descanso.

Quando lutar, procure executar técnicas variadas. Quanto maior a variação, melhor.

Outro exercício

É analisando o que acontece nas competições que os técnicos criam novos exercícios. Um bom exemplo disso é o treinamento para atletas que são colocados em um canto da quadra, com o objetivo de sair daquela área e voltar para o meio sem tomar pontos nem advertências. Enquanto isso, seu adversário tentará pontuar, colocá-lo para fora e não permitir que ele volte ao centro da quadra.

Kiopa (quebramento)

Mondolio tchagui

Este chute, que é um dos mais bonitos do Taekwondo, pode ser treinado de diversas formas para ser utilizado em demonstrações. Citamos, como exemplo, as seguintes possibilidades:

a. Duas pessoas seguram um pedaço de madeira ou uma raquete, posicionando-as, uma de cada vez, na altura do rosto (ou acima) do atleta que fará o quebramento. Desta forma, a demonstração será uma sequência de dois *mondolio tchagui*. Após a primeira madeira ser quebrada, a segunda deve ser colocada na mesma altura e distância para que o atleta, executando um segundo giro, possa quebrá-la também.

b. Quatro pessoas seguram, cada uma, um pedaço de madeira (ou raquete) que devem ficar posicionadas ao redor do demonstrador (uma em cada direção). Serão quatro alvos, na altura do rosto ou acima, para serem quebrados em uma sequência de quatro *mondolio tchagui*.

Sambal tchagui (perna aberta)

Este também é um chute clássico do Taekwondo; consiste em saltar e, no ar, executar dois chutes *ap tchagui* simultâneos, com as pernas abertas.

Sambal tchagui.

Iron (conhecimento teórico)

Vocabulário básico

1. *Bom sogui*: posição do tigre - base frontal, com os joelhos dobrados e um pé próximo ao outro. 90% do peso do corpo fica apoiado na perna de trás, cuja sola do pé fica totalmente em contato com o solo. Já o pé da frente fica com o calcanhar fora do chão, apoiando apenas 10% do peso corporal;
2. *Goduro*: punhos cerrados;
3. *Iuk*: sexto;
4. *Ioso* (pronuncia-se "iosô"): seis;
5. *Mondolio*: giro com gancho;
6. *Sambal tchagui*: chute com as duas pernas;
7. *Kiosanim*: professor (1º ao 3º *dan*);
8. *Kiopa sul*: técnicas de quebramento;
9. *Tiro tora*: dar meia volta, virar para trás;
10. *Kerougui sogui*: base de luta.

Currículo para exame de faixa

KIBON DONJACK	5 posições das ensinadas nesta faixa.
CHUTES	Demonstrar *mondolio*, *dubal tolho* e mais 2 chutes.
POMSE	*Taeguk iuk jang* e mais um *taeguk* (opcional).
LUTA COMBINADA	5 variações de *il bo derion*.
LUTA	Mínimo de 2 rounds de 2 minutos.
KIOPA	*Sambal tchagui* (pernas abertas) e *mondolio*.
CONHECIMENTO	Ao critério do professor.
POSTURA	Ao critério do examinador.

TAEKWONDO
FUNDAMENTAL

CAPÍTULO 12

FAIXA VERMELHA
(3° GUB)

Ninguém sabe tanto que não tenha mais nada a aprender e aquele que acha que já aprendeu tudo acabará descobrindo que pouco sabe.

Significado

A faixa vermelha significa perigo. Nesta etapa o aluno, que já aprendeu técnicas que podem realmente machucar seus oponentes, aprenderá ainda mais. Por esta razão, é nesta faixa que o praticante precisa tomar total consciência de suas capacidades e limitações, para poder utilizar seus conhecimentos de Taekwondo, com a tranquilidade e sabedoria necessária.

Primeiros ensinamentos

Sogui (base)

Nesta penúltima etapa, antes da faixa preta, haverá um reforço no treinamento de duas bases ensinadas na faixa branca (*juntchum sogui* e *ap kubi sogui*).

Moa sogui

A base *moa sogui* apresenta os calcanhares juntos com as pontas dos pés, paralelos para frente.

Moa sogui.

Bo jumok

É a posição dos braços na qual a mão esquerda aberta envolve o punho direito fechado, na altura do queixo.

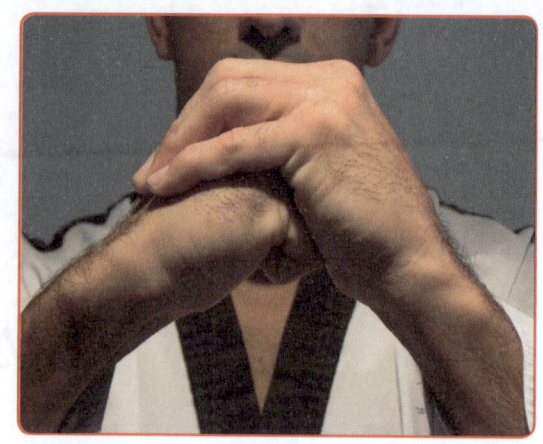

Bo jumok.

Técnicas de chutes

Depois de aprender a executar bem os chutes básicos do Taekwondo, o praticante estará apto a aprender os sofisticados chutes ensinados na faixa vemelha. Se ainda houver deficiência na execução de chutes de outras faixas, estará na hora de praticá-los até que o desempenho seja adequado. Nunca é tarde para melhorar.

Kibon donjack

Ap kubi dubon kaio maki

Na base *ap kubi*, fazer duas defesas simultâneas, de dentro para fora. Uma na altura do tronco e outra em baixo.

Ap kubi dubon kaio maki – visão frontal e lateral.

Ap kubi montong retcho maki

Na base *ap kubi*, fazer uma defesa dupla, movendo os dois braços de dentro para fora, na altura do tronco.

Ap kubi montong retcho maki.

Ap kubi otgoro are maki

Na base *ap kubi*, fazer uma defesa dupla, com os braços cruzados para baixo.

Ap kubi otgoro are maki – visão frontal e lateral.

Juntchum palkub piojo tiki

Na base com pernas abertas, segurar algo (ou a cabeça de alguém) e bater com o cotovelo na palma da mão. É importante observar que é o cotovelo que vai de encontro da mão.

Juntchum palkub piojo tiki – visão frontal e lateral.

Juntchum ran sonal montong yop maki

Na base *juntchum* executar uma defesa com um braço, com a mão aberta.

Juntchum ran sonal montong yop maki – visão frontal e lateral.

Juntchum yop tirigui – visão frontal e lateral.

Juntchum yop tirigui

Na base aberta, executar um soco lateral.

Moa so bo jumok jumbi sogui

Na base *moa sogui*, executar a posição *bo jumok jumbi sogui* com a mão esquerda aberta, envolvendo a mão direita fechada.

Moa so bo jumok jumbi sogui.

Bal ki sul (técnicas de chutes)

Timio miro tchagui (aplicado à luta)

Após saltar para a frente, o praticante executa um chute *miro tchagui*, no ar.

Timio miro tchagui – aplicação 1.

Timio miro tchagui – aplicação 2. *Timio miro tchagui – aplicação 3.* *Timio miro tchagui – aplicação 4.*

Sequências

A partir desta faixa o professor deve direcionar o treinamento de sequências e *steps* (movimentação) de acordo com as necessidades de cada praticante. Por esta razão, as sugestões oferecidas por este livro são as mais genéricas possíveis e podem ser adaptadas.

De acordo com a necessidade e potencial do aluno, o professor pode treinar qualquer sequência de chutes das faixas anteriores, porém, utilizando cinco chutes.

Pomse – taeguk tchil jang

Os movimentos deste *pomse* foram baseados no princípio "gan" do *palgwe*. Uma das representações deste princípio é a montanha, a firmeza que não se altera com o que ocorre em volta. O estudo deste princípio nos mostra que devemos ser firmes em nossos pensamentos e atitudes, nos movendo com calma e segurança, conscientes de nossos atos e objetivos.

Cada movimento deste *pomse* deve ser amplo e contundente, remetendo à firmeza das montanhas.

Após cada sequência de movimentos, devemos ficar imóveis por uma fração de segundo, refletindo, nesse instante, a estabilidade da montanha.

1–*Jumbi sogui*. 2–Girar o tronco 90° para o lado esquerdo e executar *bom sogui batan son montong an maki*. 3–Avançar a perna direita, levantar o joelho e executar *ap tchagui*. 4–Voltar o pé direito para a base anterior e executar *uen bom sogui montong maki*.

5–Girar o corpo 180° para a direita e executar *orun bom sogui batan son montong an maki*. 6–Avançando a perna esquerda e levantando o joelho, executar *ap tchagui*. 7–Voltar o pé esquerdo para a base anterior e executar *orun bom sogui montong maki*. 8–Movendo a perna esquerda, girar o tronco 90° e executar *digubi sonal are maki*.

9–Avançando a perna direita, executar *digubi sonal are maki*. 10–Puxando o pé esquerdo para o lado esquerdo, executar *uen bom sogui batan son goduro montong an maki*. 11–Mantendo a mesma base, executar *uen bum sogui dun jumok olgul ap tiki*. 12–Girando o tronco 180° para o lado direito, executar *orun bom sogui batan son goduro montong an maki*.

13–Mantendo a mesma base, executar *orun bom sogui dun jumok*. 14–Juntando a perna esquerda à direita, executar *moa sogui bojumo*. 15–Avançar a perna esquerda e executar *uen ap kubi kaio maki*. 16–Mantendo a mesma base, completar o *dubon kaio maki*.

17–Avançar a perna direita e executar *orum ap kubi kaio maki*. 18–Mantendo a mesma base, completar o *orum ap kubi kaio maki*. 19–Movendo a perna esquerda, girar por trás, executar *uen ap kubi montong retcho maki*. 20–Avançando com a perna direita, executar *murup tiki*.

21–Posicionando o pé direito à frente, executar *dikoa sogui jetcho tirigui*. 22–Levando a perna esquerda para trás, e girando o quadril, executar *orun ap kubi otgoro are maki*. 23–Girando o tronco 180° para o lado direito, executar *orun ap kubi montong retcho maki*. 24–Avançando com a perna esquerda, executar *morup tiki*.

25–Posicionando o pé esquerdo à frente, executar *dikoa sogui jetcho tirigui*. 26–Levando a perna direita para trás, e girando o quadril, executar *uen ap kubi otgoro are maki*. 27–Movendo a perna esquerda e girando o tronco 90° para o lado esquerdo, executar *uen ap sogui dun jumok bakat tiki*. 27a–Visão frontal.

28–Executar *an tchagui*, batendo com o pé direito na palma da mão esquerda (*piojo tchagui*). 28a–Visão frontal. 29–Caindo com o pé direito à frente, executar *jutchun sogui palkub piojo tiki*. 30–Movendo a perna esquerda e avançando o tronco para a direita, executar *orun apsogui dunjumok bakat tiki*.

30a–Visão frontal. 31–Executar *an tchagui*, batendo com o pé esquerdo na palma da mão direita (*piojo tchagui*). 31a–Visão frontal. 32–Caindo com o pé esquerdo à frente, executar *jutchun sogui palkub piojo tiki*.

33–Mantendo a mesma base, executar *juntchun sogui ran sonal yop maki*. 33a–Visão frontal. 34–Avançar a perna direita, executando *juntchung yop tirigui*, com *kihap* (grito). 34a–Visão frontal.

35–Girando o tronco e puxando a perna esquerda para trás, voltar à posção inicial *jumbi sogui*.

DIAGRAMA TAEGUK TIL JANG

Joa derion (luta combinada, de joelhos)

Nesta faixa vamos aprender um novo tipo de defesa pessoal. Para a execução deste procedimento, dois praticantes vão ficar com os joelhos no chão. Após um dos praticantes iniciar um ataque com soco, o outro irá esquivar-se e contra-atacar. Serão ensinadas seis variações de contra-ataques possíveis.

1–*Tchariot*, de joelhos. 2–*Kiunne*.

3–Medindo a distância. 4–*Jumbi*.

DEFESA 1

1–Atleta da direita inicia o ataque. 2–Atleta da esquerda esquiva-se na diagonal e defende com o braço esquerdo. 3–O atleta da esquerda contra-ataca com soco no rosto.

TAEKWONDOFUNDAMENTAL

DEFESA 2

1–Segunda defesa: atleta da esquerda inicia o ataque. 2–O atleta da direita esquiva-se para a esquerda e defende com o braço direito. 3–Em seguida, contra-ataca com *tolho tchagui*.

DEFESA 3

1–Terceira defesa: atleta da direita inicia o ataque. 2–Atleta da esquerda defende com o braço esquerdo e, simultaneamente, contra-ataca no pescoço.

DEFESA 4

1–Terceira defesa: atleta da esquerda inicia o ataque. 2–O atleta da direita esquiva-se para a direita. 3–O atleta da direita contra-ataca com *yop tchagui*.

DEFESA 5

1–Quarta defesa: atleta da direita inicia o ataque. 2–O atleta da esquerda esquiva-se para a esquerda e defende com o braço direito. 3–Na sequência, torce o braço e força o adversário para baixo.

4–Em seguida, ataca a nuca do adversário.

DEFESA 6

1–Quinta defesa: atleta da esquerda inicia o ataque. 2–O atleta da direita esquiva-se para a esquerda e defende com o braço direito. 3–O atleta da direita inicia o contra-ataque.

4–Atacando o joelho do adversário, derrubando-o.

Kerougui (luta)

Orientação principal

Nesta faixa o praticante deve ter uma preocupação acima de todas as outras: lutar. É preciso gostar de lutar. E se o praticante não gosta é preciso se habituar, para que o prazer pelo combate se manifeste. Treinado sob a orientação de um bom professor, o risco de lesões é pequeno e o aprendizado através da vivência da luta é enorme.

Na essência, o Taekwondo é uma arte marcial, e lutar é fundamental. Lute com praticantes melhores do que você para experimentar a adversidade, enfrentar a inferioridade e aprender a ser humilde. Lute com praticantes do seu nível para experimentar a sensação de uma luta justa e equilibrada e aprender quais erros e acertos fazem a diferença. Lute com praticantes inferiores a você para treinar técnicas nas quais você ainda não tenha total confiança, para aprender a ensinar os outros com a mesma boa vontade que gostaria de ter sido ensinado e para aprender a ser generoso.

Durante uma luta, o praticante precisa ter paciência para esperar a melhor hora para atacar ou contra-atacar. Este é um dos "segredos" dos bons lutadores.

Nesta faixa o praticante deve ter condicionamento para fazer, no mínimo, 3 *rounds* de 1min30s.

Outro exercício

Uma das dificuldades de alguns praticantes é manter-se consciente e objetivo quando é atacado. Um bom exercício para ajudar neste sentido é lutar numa área pequena, na qual os atletas não têm para onde escapar. Faça *rounds* de 30 segundos, em uma área pequena e adequada à sua academia.

Kiopa (quebramento)

Timio tora tit tchagui

Este chute causa grande impacto nas demonstrações devido ao seu grau de dificuldade, beleza plástica do movimento e à grande potêcia do chute. O atleta salta com a perna de trás, avançando, e no ar gira o corpo e executa o *tit tchagui*.

Mestre Carlos Negrão executando *timio tora tit tchagui*.

Timio sambal ap tchagui (pernas fechadas)

Esta técnica exige ao menos 3 qualidades físicas: flexibilidade, potência na musculatura dos membros inferiores e muita força abdominal. Neste chute, o praticante pula com as duas pernas esticadas, para a frente, acertando e quebrando um pedaço de madeira, posicionado na altura do rosto.

Timio sambal ap tchagui.

Iron (conhecimento teórico)

Vocabulário básico

1. *Gaio* ou *kaio maki*: defesa cruzando como uma tesoura.
2. *Retcho*: cruzando de dentro para fora;
3. *Otgoro maki*: defesa com os dois antebraços cruzados e apoiados;
4. *Mok*: pescoço;
5. *Joa derion*: luta sentado ou abaixado;
6. *Ilgo* (pronuncia-se "ilgô"): sete;
7. *Till*: sétimo;
8. *Sabominim*: mestre (acima de 4º *dan*);
9. *Orum*: direita (ou para o lado direito);
10. *Uen*: esquerda (ou para o lado esquerdo).

Currículo para exame de faixa

KIBON DONJACK	5 movimentos ensinados nesta faixa.
CHUTES	4 chutes, à escolha do examinador.
POMSE	*Taeguk tchil jang* e outro *taeguk* (opcional).
LUTA COMBINADA	5 variações de *joa derion*.
LUTA	Mínimo de 4min30s com ou sem intervalos.
KIOPA	*Timio sambal tchagui* ou *timio tora tit tchagui*.
CONHECIMENTO	Ao critério do professor.
POSTURA	Ao critério do examinador.

TAEKWONDO
FUNDAMENTAL

CAPÍTULO 13

FAIXA VERMELHA/PRETA
(1° GUB)

ESTE É O ÚLTIMO ESTÁGIO antes de atingir a faixa preta. O praticante já não é considerado um aluno comum, mas um *jokionim* (um auxiliar do professor). Já foi ensinada a grande maioria das técnicas de ataque e defesa com as mãos, oito *taeguks*, muitas técnicas de chutes, combates, demonstrações etc. Tudo isto fez do praticante um atleta e lutador. Além disto, graças a essa jornada, o aluno se tornou uma pessoa mais educada, humilde e generosa, um artista marcial, prestes a iniciar uma nova etapa.

Nesta faixa, além de rever tudo o que treinou até aqui, o aluno vai aprender os mais difíceis chutes do Taewkondo, técnicas de quebramento com as mãos, técnicas para sair de possíveis agarrões etc. Isto vai requerer mais do que força e técnica, vai exigir concentração, foco, pensamento positivo e persistência.

Primeiros ensinamentos

Santul maki

Existem dois tipos de defesa com este nome. Nesta faixa é ensinada a variação *oe santul maki*, que é uma defesa dupla com um dos braços defendendo a lateral da cabeça e o outro defendendo a outra lateral do corpo, abaixo do tronco.

Danguio tok tirigui

Este nome é usado para descrever o ataque em que uma das mãos segura a blusa do adversário, próximo ao pescoço, enquanto a outra mão ataca com *dun jumok,* de baixo para cima.

Kibon donjack

Digubi goduro montong maki

Na base *digubi*, executar a posição de defesa com as mãos fechadas, o braço da frente à frente do tronco e o braço de trás junto ao peito, com a mão na altura do tórax.

Digubi goduro montong maki – visão frontal e lateral.

Digubi goduro are maki

Na base *digubi*, executar a posição de defesa com as mãos fechadas, o braço da frente fica à frente do tronco, logo abaixo da faixa, e o braço de trás junto ao tronco, com a mão fechada, na altura do estômago.

Digubi goduro are maki – visão frontal e lateral.

Ap kubi santul maki

Na base *ap kubi*, executar duas defesas laterais, uma com o braço na linha do ombro, dobrado para cima, num ângulo de 90°, defendendo a cabeça, e o outro braço esticado na lateral do corpo, defendendo a cintura e a coxa.

Ap kubi santul maki – visão frontal e lateral.

Ap kubi danguio tok tirigui

Na base *ap kubi*, agarrar a blusa do adversário, próximo ao peito, com uma mão, e com a outra atacar o queixo do adversário, com o punho fechado, de baixo para cima.

Ap kubi danguio tok tirigui – visão frontal e lateral.

Bal ki sul (técnicas de chutes)

Timio mondolio tchagui

É um chute *mondolio* (já ensinado), precedido de um salto no lugar, ou um salto lançando a perna para frente, como se fosse dar um passo no ar.

Timio mondolio tchagui 1.

Timio mondolio tchagui 2.

Timio mondolio tchagui 3.

Outros chutes com salto

Ao critério do professor, o praticante pode treinar outros chutes com salto, como o *bakat tchagui*, entre outros.

Sequência

Treinar sequências de seis chutes, movimentando-se livremente pelo *dojan*. Este treinamento tem o objetivo de desinibir o atleta, acostumando-o a movimentar-se por toda a área de luta.

Pomse – taeguk pal jang

As ações deste *pomse* baseiam-se no principio "gon" do *palgwe*. Este princípio tem entre as suas representações a Terra como origem da vida. Estudando este princípio entendemos que a vida e seu desenvolvimento acontece em ciclos, que sempre se renovam. Desta maneira, com este *pomse*, o praticante completa um ciclo e nasce para outro em uma nova condição.

Ao executarmos este *pomse* devemos prestar atenção e notar que no terceiro movimento executamos um *ap tchagui* e no décimo nono executamos dois *ap tchaguis* no ar.

Por ser o último dos *pomses*, esta sequência combina posições dos *pomses* iniciais, como *ap kubi montong baro tirigui,* e movimentos novos e difíceis, como *ap kubi danguio tok tiki.*

1–*Jumbi*. 2–Avançando a perna esquerda, executar *digubi goduro maki*. 3–Avançando a perna esquerda, executar *uen ap kubi montong baro tirigui*. 4–Levando a perna direita para frente, saltar e chutar *timio ap tchagui* com a perna esquerda antes de cair.

5–Caindo com a perna esquerda à frente, executa *uen ap kubi montong maki*. 6–Mantendo a base, executa *montong baro tirigui*. 7–Ainda mantendo a base, executa *montong tirigui*. 8–Avançando a perna direita executa *orun ap kubi montong tirigui*.

9–Movendo a perna esquerda, girar por trás (u pelas costas) e executar *orun ap kubi santul maki*. 10–Girando o tronco e o quadril para a esquerda, executar *uen ap kubi dangui tok tirigui*. 10a–Puxar o pé esquerdo, cruzando pela frente do pé direito e preparar a próxima defesa. 11–Executar *uen ap kubi santul maki*.

12–Girando o tronco e o quadril, executar *orun ap kubi danguio tok tirigui*. 13–Mover a perna direita 90° para a esquerda, executando *digubi sonal montong maki*. 14–Avançando a perna esquerda, executar *uen ap kubi montong baro tirigui*. 15–Executar *ap tchagui* e retornar o pé para trás.

16–Continuando o movimento, puxar o pé esquerdo para trás e executar *bom sogui batanson montong maki*. 17–Girar o tronco 90° para a esquerda e executar *bom sogui sonal montong maki*. 18–Chutar *ap tchagui*. 19–Cair com a perna esquerda à frente, executando *uen ap kubi montong baro tirigui*.

20–Puxando a perna esquerda para trás, executar *bom sogui batanson montong maki*. 21–Girar o tronco 180° para a direita e executar *bom sogui sonal montong maki*. 22–Chutar *ap tchagui*. 23–Caindo com a perna direita à frente, executar *orun ap kubi montong baro tirigui*.

24–Puxando a perna direita para trás, executar *bom sogui batanson montong maki*. 25–Puxando o pé direito 90° para o lado direito, executar *digubi goduro are maki*. 25a–Visão frontal. 26–Executar *timio ap tchagui* com a perna esquerda.

27–Em seguida, sem colocar os pés no chão, executar outro *timio ap tchagui*, com a perna direita (com *kihap*). 27a–Visão frontal. 28–Cair com o pé direito à frente, executando *orun ap kubi montong maki*. 28a–Visão frontal.

29–Na mesma base, executar *montong baro tirigui*. 29a–Visão frontal. 30–Ainda na mesma base, executar *montong tirigui*. 30a–Visão frontal.

31-Movendo a perna esquerda, girar o tronco 90° para a esquerda, executar *digubi ran sonal montong maki*. 32-Avançando a perna esquerda, executar *uen ap kubi palkup tolho tiki*. 33-Na mesma base, executar *dun jumok ap tiki*. 34-Ainda na mesma base, executar *montong tirigui*.

35-Movendo a perna direita e girando o tronco 180° para a direita, executar *digubi ran sonal montong maki*. 36-Avançando a perna direita, executar *orun ap kubi palkup tolho tiki*. 37-Na mesma base, executar *dun jumok ap tiki*. 38-Ainda na mesma base, executar *montong tirigui*.

39-Puxar a perna esquerda e virar o tronco 90° para a esquerda e voltar à posição inicial *jumbi*.

DIAGRAMA TAEGUK PAL JANG

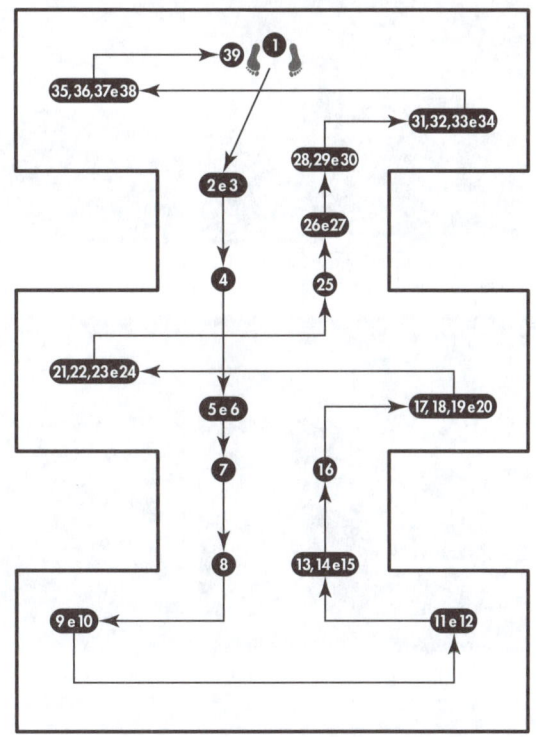

Ho shin sul (luta combinada – defesa pessoal)

Nesta última faixa vamos treinar defesa pessoal propriamente dita, mais especificamente, como se defender de agarramentos. Vamos demonstrar algumas situações entre as muitas possíveis.

1–Tchariot.    2–Kiunne.    3–Jumbi.

DEFESA 1

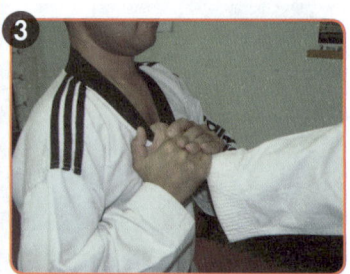

1–Defesa 1: o atleta da direita segura a blusa do atleta da esquerda, com a mão direita. 2–O atleta da esquerda, rapidamente, segura, com as duas mãos, a mão e o pulso do atleta da direita. 3–Detalhe.

4–O atleta da esquerda puxa a mão do seu adversário contra o peito e a pressiona para baixo. 5–Pressionado na parte frágil do pulso, o atleta da direita cai. 6–Detalhe.

DEFESA 2

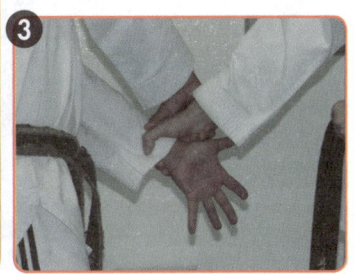

1-Defesa 2: o atleta da esquerda segura o pulso direito do atleta da esquerda. 2-O atleta da esquerda, rapidamente, abre bem a mão esquerda e, ao mesmo tempo, prende a mão do adversário com a mão direita. 3-Detalhe.

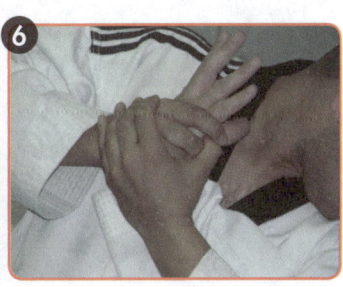

4-O atleta da esquerda gira, rapidamente, o seus braço esquerdo, de fora para dentro, forçando o pulso do adversário, empurrando-o para baixo. 5-O atleta da esquerda, avança o pé esquerdo, forçando ainda mais o pulso do adversário, levando-o para baixo. 6-Detalhe do pulso torcido.

DEFESA 3

1-Defesa 3: o atleta da direita segura, com força, o ombro esquerdo do seu adversário, com a mão direita. 2-o atleta da esquerda gira rapidamente seu braço esquerdo, passando por cima do braço do seu adversário. 3-o atleta da esquerda prende o braço do seu adversário, forçando o cotovelo do mesmo para frente.

4–Detalhe. 5–Forçando mais ainda, força o cotovelo do seu adversário para cima. 6–Com seu adversário desequilibrado, o atleta da esquerda finaliza com um ataque no queixo do seu oponente.

DEFESA 4

1–Defesa 4: o atleta da direita segura os ombros do seu adversário, com as duas mãos. 2–o atleta da esquerda faz um giro rápido com o seu braço direita, passando por cima dos braços do seu adversário. 3–o atleta da esquerda prende os braços do seu adversário, utilizando seu próprio tronco como apoio.

4–Detalhe. 5–O atleta da esquerda finaliza com um soco no estômago do seu oponente. 6–Detalhe.

DEFESA 5

1–Defesa 5: o atleta da direita segura o braço direito do atleta da esquerda, que, rapidamente, abre ao máximo a sua mão. 2–O atleta da da esquerda segura o pulso do seu adversário. 3–o atleta da esquerda faz um giro rápido, com o braço, de dentro para fora.

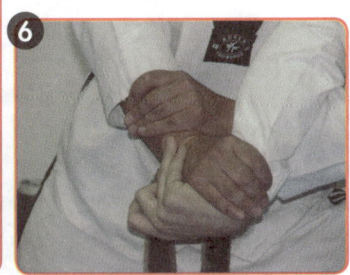

4–Após torcer o braço do seu adversário, o atleta da esquerda passa o seu braço esquerdo por cima. 5–O atleta da esquerda envolve o braço do seu adversário, segurando em seu próprio pulso, formando uma alavanca. 6–Detalhe da alavanca.

7–O atleta da esquerda gira o seu corpo para a esquerda, forçando (com a alavanca), o seu adversário para trás. 8–Detalhe. 9–O atleta finaliza, imobilizando seu adversário no chão.

Kerogui (luta)

Orientação principal

Lute sempre com respeito e autocontrole, mas lute. Varie, sempre que possível, o local e os parceiros de treinamento. Converse com seu professor e procure participar de, no mínimo, três competições antes de fazer exame para a faixa preta.

Nesta faixa o praticante deve estar preparado para lutar 3 *rounds* de 2 minutos, com tranquilidade.

Se o aluno pretende participar de competição de *kerougui* (luta), deve treinar em locais e horários variados. Isto vai ajudá-lo a se adaptar melhor às condições de um campeonato.

Respeite sempre seu adversário. Se ele for melhor do que você, tente ficar concentrado para descobrir seus pontos fracos e aceite a derrota com humildade, tirando sempre uma lição. Se ele for tecnicamente inferior a você, procure pensar de que forma será possível treinar e aprender com aquela luta, sem nunca menosprezar seu adversário.

Outro exercício

De acordo com a orientação do mestre ou professor, o praticante deve treinar, sempre que possível, o *golden point*. Este exercício consiste em uma luta na qual o atleta que marcar o primeiro ponto, vence. Esta prática, além de preparar os praticantes para disputar o *golden point* nas competições, desenvolve a concentração, o relaxamento e a velocidade de reação.

Kiopa (quebramento)

Kaio tchagui

Neste chute o atleta salta e executa um movimento de "tesoura", abrindo as pernas no ar e atingindo dois alvos, simultaneamente: um com *pitro tchagui* e outro com um *yop tchagui*.

Kaio tchagui.

Quebramento com as mãos

O quebramento exige que o praticante tenha em seu golpe técnica, potência e precisão, mas principalmente concentração, foco e pensamento positivo. Existem muitos tipos de quebramento, mas neste capítulo vamos tratar principalmente dos quebramentos com as mãos. Podemos simplificar, dizendo que a fórmula geral para o êxito no quebramento é fruto da soma da concentração no que deve ser feito, mais a aceleração do golpe, mais a força gerada no impacto.

> *KIOPA* (Quebramento) = Concentração + Aceleração + Força

No que se concentrar e treinar para realizar o Kiopa

a. Rotação do corpo para acelerar o golpe;
b. Utilização do maior número de músculos para executar o movimento;
c. Transferência da maior parte possível do peso corporal para aumentar a potência do golpe;
d. Precisão para acertar o centro do objeto a ser quebrado;
e. Perfeição para que o ângulo do golpe seja perpendicular (num ângulo de 90 graus) ao plano em que estiver o objeto a ser quebrado.

Atleta se concentrando para executar quebramento com soco.

Outros fatores importantes no *Kiopa*

a. A base dos pés para executar quebramentos com as mãos pode variar, mas, em geral, deve formar um triângulo entre os dois pés e o objeto a ser quebrado;
b. A distância a ser percorrida pelo golpe deve ser, pelo menos, o dobro da altura dos objetos a serem quebrados;
c. Antes de um quebramento o praticante deve verificar se o objeto a ser quebrado encontrar-se em posição e ângulo corretos ao golpe, bem apoiados e ajustados para não balançar ou mover durante o quebramento;
d. Se houver alguém segurando o objeto, o atleta deve se certificar de que a pessoa esteja segurando o alvo corretamente, numa posição firme, e que esteja concentrada em ajudar;
e. É importante que haja silêncio no local, mas, de qualquer forma, quem for executar o quebramento deve abster-se do que acontece ao redor e concentrar-se fortemente no que vai fazer;
f. O praticante deve imaginar que seu golpe vai atingir um ponto imaginário que esteja logo após o objeto a ser quebrado e, para isto, o golpe deve atravessá-lo;
g. Na preparação ou concentração para o *kiopa*, o praticante deve respirar profundamente, pelo menos três vezes, olhando para o objeto a ser atingido e imaginando sua perfeita execução;
h. No momento do quebramento deve inspirar profundamente pelo nariz e, durante a execução, soltar 1/3 do ar, mantendo 2/3 para dar força ao corpo;
i. Se o quebramento for para baixo, os pés podem impulsionar o corpo para cima para ganhar mais altura e conseguir maior aceleração;
j. Para facilitar a trajetória do movimento, os joelhos devem dobrar-se para que o corpo caminhe sem resistência na direção do quebramento;
k. O *kihap* (grito) deve acompanhar o golpe, desde o seu inicio até o final, para ajudar o praticante a soltar toda sua energia com desprendimento;
l. O pulso deve manter a mão alinhada ao antebraço;
m. Após atingir o alvo, o praticante deve manter a direção da força até que o tenha transposto totalmente.

Benefícios do treinamento do *kiopa* (quebramento)

O treinamento e execução do quebramento (*kiopa*) desenvolvem no praticante a concentração, a autoconfiança e a autoestima, além de prepará-lo para executar movimentos e atitudes diversas com o máximo rendimento.

Iron (conhecimento teórico)

Vocabulário básico

1. *Santul*: dupla;
2. *Danguio*: puxando;
3. *Ho shin sul*: técnicas de defesa pessoal;
4. *Iodol*: oito;
5. *Arroh*: nove;
6. *Iol*: dez;
7. *Pal*: oitavo;
8. *Kwanjanim*: mestre acima de 6º *dan*;
9. *Shija*: iniciar, começar;
10. *Kuman*: cessar, parar.

Currículo para exame de faixa

KIBON DONJACK	Pelo menos 10 movimentos escolhidos pelo examinador e que conste do currículo ensinado ao aluno.
CHUTES	Pelo menos 10 chutes do currículo ensinado ao aluno.
POMSE	Pelo menos 2 dos oito *pomses*.
LUTA COMBINADA	Pelo menos 5 variações do *il bo derion* contra soco, 5 variações do *joa derion* e 5 variações do *ho shin sul* (defesa contra agarramento).
LUTA	Pelo menos 2 lutas, uma com proteções de competição, e outra sem proteção, com contato leve, para demonstração de técnicas variadas.
KIOPA (QUEBRAMENTO)	Pelo menos 2 técnicas de quebramento com os pés e 1 técnica de quebramento com as mãos.
CONHECIMENTO	Prova escrita e oral.
POSTURA	A critério do examinador.

Após o exame de faixa (a faixa preta)

Depois de uma longa jornada, o praticante, finalmente, chegou à faixa preta. No Taekwondo a cor preta da faixa significa profundidade e conhecimento. É uma grande conquista, e a partir desta faixa o praticante, que já domina muitas técnicas de ataque e defesa, deverá se esforçar para aperfeiçoá-las e desenvolver-se mentalmente.

Grandes conquistas trazem grandes responsabilidades. O novo *kiosanim* (professor) passará a ser um exemplo para muitas crianças e adultos. O faixa-preta deve procurar sempre dar a sua contribuição inteligente para os que lhe admiram, nunca deixando de seguir, respeitar e honrar o Juramento e o Espírito do Taekwondo.

TAEKWONDO
FUNDAMENTAL

CAPÍTULO 14

POR DENTRO DA COMPETIÇÃO

História das competições

Como já vimos neste livro, o Taekwondo foi criado para ser uma arte marcial e não um esporte marcial tão popular quanto é hoje. A idéia de praticá-lo como esporte surgiu na década de 1960, quando outras artes marciais popularizaram-se através das competições. Como as lutas de Taekwondo impressionavam muito a todos que tinham a oportunidade de assisti-las, foi natural que houvesse interesse por competição desta modalidade. A primeira competição de Taekwondo aconteceu em 1964, em Seul, Coreia do Sul, e a partir daí, como já vimos no capítulo da História do Taekwondo, foi uma bola de neve até chegarmos aos dias de hoje.

Filosofia da competição

A competição de Taekwondo, assim como outras lutas, é uma representação da própria luta pela vida e da luta pela superação dos obstáculos. Você luta para proteger seu corpo e para derrotar quem o ameaça. Neste sentido, a luta competitiva pode ensinar quais são as armas que você precisa desenvolver para vencer na competição e na vida. O mais importante para vencer é o espírito de luta.

Noções básicas sobre as regras de competição

A competição de Taekwondo acontece em uma área de 10m × 10m e cada luta é disputada em 3 *rounds* de 2 minutos, com 2 intervalos de 1 minuto.

Vence a disputa o atleta que, após o término da luta, acumular o maior número de pontos positivos ou menor número de pontos negativos. O atleta também pode vencer a luta por nocaute, caso seu adversário não consiga se recuperar dentro de um tempo determinado pelo árbitro, após receber um golpe válido.

Marcam pontos os atletas que acertarem o adversário com os seguintes golpes, com a potência necessária:

a) Soco forte no protetor de tórax (1 ponto);
b) Chute forte no protetor de tórax (1 pontos);
c) Chute forte precedido de salto, no protetor de tórax (2 pontos);
d) Chute na cabeça do adversário (3 pontos);
e) Chute precedido de salto, na cabeça do adversário (4 pontos).

Outras formas de decidir a luta (o juiz finalizando a luta antes do tempo):

a) Um atleta consegue abrir uma diferença muito grande de pontos, impossível de ser alcançada;
b) Um atleta comete um número elevado de pontos negativos;
c) Um dos atletas abandona a área de luta.

Competição feminina nos Jogos Olímpicos de Pequim – 2008.

Sistemas de arbitragem

Sistema eletrônico

Os atletas utilizam proteções nas canelas, na região genital, na cabeça e um protetor bucal. Além destes, utilizam "meias", "luvas" e um protetor de tórax com dispositivo eletrônico. Quando os chutes e socos acertam o colete eletrônico, da maneira correta e com a potência necessária, o dispositivo eletrônico do colete automaticamente transmite a pontuação para o placar eletrônico.

Sistema manual

Cada vez menos utilizado, no sistema manual os árbitros laterais é que registram, com o uso de controles remotos, todos os pontos ganhos (golpes válidos) e os pontos perdidos (infrações cometidas pelos atletas).

Árbitros

São quatro árbitros em cada luta de Taekwondo. O árbitro central dirige a luta, dá início, para a luta quando necessário, adverte e dá punição aos atletas, anula pontos quando ocorre alguma irregularidade e termina a luta quando o cronômetro apita o fim do tempo.

Além dele, temos três árbitros laterais, que acompanham a competição, sentados ao redor da área de luta. Com o auxílio de um dispositivo eletrônico, marcam a pontuação dos chutes no rosto, não apontados pelo protetor eletrônico, dos socos (quando não há luvas com dispositivos eletrônicos) e de todos os pontos extras dados pela execução de saltos antes dos chutes válidos.

Por último, temos os mesários que acompanham a luta por um monitor de vídeo, de onde orientam o juiz a validar ou anular alguma pontuação. Também controlam o tempo e o placar eletrônico.

Modalidades de competição

Uma competição de luta pode ser individual ou por equipe.

Competição por equipe

Uma equipe é composta por cinco atletas, sendo que a soma dos seus pesos não pode ultrapassar 350 kg (independente do peso de cada atleta). No confronto de duas equipes os atletas se enfrentam progressivamente, de acordo com os pesos individuais, iniciando pelo mais leve de cada equipe até chegar aos dois mais pesados. A equipe que conseguir primeiro três vitórias é declarada vencedora.

Competição individual

Na competição individual, a mais praticada, os atletas disputam em categorias de pesos. Existem dois sistemas, o oficial da WTF, utilizado na maioria das competições, e o sistema de categorias olímpicas, que também é utilizado em algumas competições continentais (p. ex. os Jogos Pan-Americanos).

A seguir, o quadro oficial da WTF com as categorias de pesos:

CATEGORIAS DE PESOS PARA ATLETAS MASCULINOS (KEROUGUI)		
Categorias olímpicas	Categorias para adultos e Sub 21	Categorias para campeonatos juvenis
Até 58 kg	Até 54 kg	Até 45 kg
		Até 48 kg
		Até 51 kg
		Até 55 kg
Até 68 kg	Até 58 kg	Até 59 kg
	Até 63 kg	Até 63 kg
	Até 68 kg	Até 68 kg
Até 80 kg	Até 74 kg	Até 73 kg
	Até 80 kg	Até 78 kg
	Até 87 kg	Acima de 78 kg
Acima de 80 kg	Acima de 87 kg	

CATEGORIAS DE PESOS PARA ATLETAS FEMININAS (KEROUGUI)		
Categorias olímpicas	Categorias para adultos e Sub 21	Categorias para competições juvenis
Até 49 kg	Até 46 kg	Até 42 kg
		Até 44 kg
		Até 46 kg
	Até 49 kg	Até 49 kg
	Até 53 kg	Até 52 kg
Até 57 kg	Até 57 kg	Até 55 kg
	Até 62 kg	Até 59 kg
Até 67 kg	Até 67 kg	Até 63 kg
	Até 73 kg	Até 68 kg
Acima de 67 kg	Acima de 73 kg	Acima de 68 kg

Jogos Pan-Americanos – Rio de Janeiro – 2007
Em pé, da esquerda para a direita: Mauro Hideki (delegado), Márcio Wenceslau, Diogo Silva, Fernando Madureira (técnico), Carlos Negrão (técnico) e Marcelino Soares (chefe da delegação). Em baixo, da esquerda para a direita: Débora Nunes, Érica Ferreira, Natália Falavigna e Waldirene Maria.

Treinamento de competição

O treinamento de competição, por si só, já seria assunto para um livro específico. Nesta obra, abordarei este assunto de maneira resumida.

Basicamente, o treinamento para competições pode ser dividido em quatro aspectos principais: treinamento físico, treinamento técnico, treinamento tático e treinamento mental ou psicológico.

De maneira geral, podemos dizer que quando se executa um desses tipos de treinamento também estamos desenvolvendo os outros, de forma natural. Por exemplo, quando um atleta estiver fazendo um treinamento físico e entrar em fadiga, ele também estará treinando a resistência emocional que será exigida nas competições. Quando o atleta estiver em um treino técnico estará, também, melhorando as valências (capacidades) físicas. Esses treinos, no entanto, podem ser específicos, como veremos a seguir.

Treinamento técnico

É todo tipo de treinamento que visa melhorar a execução e eficácia de qualquer movimento específico do Taekwondo. Temos, como exemplos, os treinos para melhorar os chutes, os *steps*, os bloqueios etc.

Acredito que este treinamento deva ser o mais desprestigiado no Taekwondo brasileiro, pelos seguintes motivos: Os treinamentos físico e mental evoluíram muito, baseados no conhecimento dos treinamentos de outras modalidades esportivas, que puderam ser totalmente adaptados às necessidades do Taekwondo. O treinamento tático também evoluiu bastante pois, assistindo às *performances* dos atletas nas competições, podemos deduzir o treinamento que foi feito para executar determinadas ações táticas.

Já o treinamento técnico é mais sutil. Apesar de vermos nas competições os resultados do treinamento, não é possível saber como ele foi desenvolvido. Por exemplo, quando vemos um *mondolio* perfeito, não é possível saber qual foi o treinamento usado para desenvolvê-lo. Somente assistindo ao treino dos "experts" ou estudando métodos de treinamento poderemos aprender.

Em minhas constantes visitas a treinamentos por todo o Brasil, é comum ver atletas praticando chutes sem a mínima preocupação de estarem executando o movimento correto ou não. Aí sugiro uma reflexão:

Se na natação a posição do movimento das pernas e dos braços é tão exaustivamente treinada, no vôlei, atletismo, esgrima etc., todos os fundamentos são repetidamente treinados e corrigidos, por que no Taekwondo deveria seria diferente?

Os coreanos levaram muito tempo desenvolvendo a técnica de cada chute, e mais um período desenvolvendo métodos de ensino. Depois deles, muitos outros mestres e técnicos de outros países deram grandes contribuições.

No Brasil, por motivos históricos já citados nos primeiros capítulos deste livro, ficamos "no meio do caminho" para elaborar uma metodologia. Entretanto, devido à imensa capacidade do povo brasileiro em melhorar e adaptar outras metodologias, como já foi feito com tantos outros esportes, uma nova metodologia de ensino técnico do Taekwondo pode e deve ser criada e difundida em todo o nosso país.

Treinamento físico

É todo exercício físico não específico do Taekwondo, com capacidade para desenvolver nos praticantes as valências físicas, como força, agilidade, flexibilidade, equilíbrio etc. Em geral, os primeiro treinamentos físicos experimentados por um praticante são o aquecimento e alongamento, realizados em todas as aulas. Tanto o aquecimento de uma aula de iniciantes quanto o treinamento específico de potência de uma seleção nacional de competição devem utilizar uma grande variedade de exercícios. Quanto mais variado for o treino, melhores serão os resultados obtidos.

Treinamento tático

É todo treinamento que tem como objetivo melhorar as possibilidades estratégicas dentro da competição.

Os técnicos e atletas definem táticas de ataque e contra-ataque, que devem ser treinadas rigorosamente, para que possam ser aplicadas com sucesso nas lutas. Temos como exemplos de treinamentos táticos, os exercícios de como lutar de acordo com o placar da luta ou como agir quando estiver acoado no canto da quadra.

Treinamento mental

É qualquer tipo de treinamento que tenha como objetivo melhorar uma qualidade mental ou psicológica do praticante como, por exemplo, autoconfiança, concentração, paciência etc.

Vocabulário de competição

1. *Hogu* (pronuncia-se "rogú"): protetor de tórax;
2. *Sapode* (pronuncia-se "sapodê"): protetor genital;
3. *Chon*: azul;
4. *Ron*: vermelho;
5. *Tchariot*: sentido;
6. *Kiunne* (pronuncia-se "kiunê"): cumprimentar;
7. *Kiongo* (pronuncia-se "kiongô"): advertência (2 advertências constituem 1 ponto perdido);
8. *Kam jon*: advertência grave e 1 ponto perdido;
9. *Shi ja* (pronuncia-se "shii djá"): começar;
10. *Kallio* (pronuncia-se "kalhiô"): separar, parar;
11. *Keso* (pronuncia-se "kesô"): continuar;
12. *Kuman*: cessar, acabar;
13. *Keshi*: parar para atendimento médico;
14. *Paro* (pronuncia-se "parô"): parar;
15. *Sun*: venceu;
16. *Chon sun*: azul venceu;
17. *Ron sun*: vermelho venceu;
18. *Retcho*: sair, retirar-se da área de luta.

O atleta Márcio Wenceslau e o técnico Carlos Negrão nos Jogos Pan-Americanos – Winnipeg – Canadá – 1999.

Dicas para o competidor

1. Sempre que perder uma luta, mesmo que o resultado seja injusto, tente se controlar. Por mais que aperfeiçoem os equipamentos sempre vai haver um aspecto subjetivo no julgamento dos juízes, e a visão deles pode ser diferente da sua. Só há um meio de sua vitória ser incontestável. Vencer por nocaute, com um golpe válido;

2. Treine *steps* (movimentação). A primeira coisa que precisamos aprender para lutar é desenvolver a movimentação, caso contrário, não poderemos acertar nossos golpes ou escapar dos golpes dos adversários;

3. O contato físico é constante numa luta, mas deve-se sempre tomar cuidado para não expor o praticante a riscos de lesões desnecessários e a situações constrangedoras;

4. Prepare não apenas o físico, mas também a mente, para compreender o treinamento, a luta e para controlar bem as emoções;

5. Respeite sempre seus adversários e companheiros de treino, por mais fracos e inexperientes que possam ser;

6. Quando treinar sozinho, ou com alguma ferramenta de treinamento como raquete ou saco de pancadas, imagine sempre estar numa situação real;

7. Repita muito as técnicas que você tem facilidade executar, mas treine, ainda mais, as técnicas nas quais você tenha maiores dificuldades;

8. Utilize todos os recursos de que disponha (espelho, raquete, treino com parceiro etc.) para aperfeiçoar suas técnicas de competição;

9. O melhor treinamento para aprender a nadar é dentro da água. O melhor exercício para aprender a lutar é lutando, desde que se esteja preparado, em todos os sentidos, para usufruir desse treinamento;

10. Ter talento não basta. As grandes conquistas são fruto de 10% de talento e 90% de esforço e garra. Entre as principais qualidades de um atleta estão: mentalidade vencedora (cuidar-se adequadamente e evitar os vícios); inteligência; qualidades físicas e técnicas;

11. Para ser um bom técnico é preciso muitas qualidades. Entre as mais importantes, podemos destacar as seguintes: liderança, dedicação, sensibilidade e aprendizado constante;

12. Embora a luta de Taekwondo seja um esporte individual, a "equipe" é um fator fundamental. Na maioria das vezes, os grandes atletas surgem em boas equipes, nas quais impere o respeito, a responsabilidade e a amizade.

Copa do Mundo de Taekwondo – Rio de Janeiro – 1996.
Em pé, da direita para a esquerda: Carlos Negrão (técnico), Marcos Pereira, André Yamaguti, Alyson Yamaguti, Márcio Eugênio, Guilherme Mazoni, Sérgio Alberto, Aguinaldo Vicente, Lucio Aurélio e José Palermo (técnico). Em baixo, da direita para a esquerda: Reinaldo Evangelista, Luciana Lucena, Suzane, Manoela, Leonilde Santos, Simone, Ana Paula França, Elizangela e Lander Moreira (técnico).

TAEKWONDO
FUNDAMENTAL

GLOSSÁRIO

A
An: parte de dentro ou para dentro
Ap: para frente
Andja: sentar
Anio: não

B
Bal: pé
Bakat: para fora
Bandal: meia-lua
Bandal tchagui: chute com meio giro
Bande: contrário (para o outro lado)

D
Dari: perna
Derion: luta
Dobok: uniforme de treino
Dojan: local de treinamento
Donja: movimentos
Dubal: dois pés
Dubon: duas vezes

H
Hian: sequência de movimentos
Hogu: protetor de tórax
Hoshin sul: defesa pessoal
Hwarang: grupo de guerreiros que existiu de 640 a 918 d.C.

I
Il: primeiro
Il bo: um passo
Iroso (pronuncia-se "irosô"): levantar

J
Jaiu: livre
Jaiu kerougui: luta livre
Jase: posição
Jejari: mesmo lugar
Joa derion: luta sentado
Jokionim: ajudante
Jumbi: preparar
Jumok: mão fechada

K
Kaio: tesoura
Kalho: separar
Kanjom: ponto perdido
Kerougui: luta
Keshi: contagem até 10
Keso: continua
Kihap: grito, usando a força do ventre
Kiongo: ponto perdido ou punição
Kiosanim: professor
Kiotcha: cruzamento
Kiunne: saudação
Korio: nome da Coreia de 918 a 1382
Kuki edarrio: para a bandeira pátria
Kukkiwon: entidade coreana que administra a parte técnica do Taekwondo
Kuman: cessar ou parar
Kwanjanim: grão-mestre
Kwon: punho fechado, mão fechada

M
Maki: defesa
Moa: juntar
Mok: pescoço
Montong: tronco
Morub: joelho

N
Narani: paralelos
Ne (ou **Ie**): sim
Nim: tratamento respeitoso, "senhor"

O
Oligui: levantar
Orum: direita

P
Palkub: cotovelo
Palmo: pulso
Paro: retornar à posição de sentido
Pitro: desviar, sair na diagonal
Pomse: sequência de movimentos (como o Rian)

R
Rejon: rodando
Rong: vermelho

S
Sabonim: mestre ou professor
Saju: quatro direções
Sambo: três passos
Sapode (pronuncia-se "sapodê"): protetor genital
Shija: começar
Sogui: posição básica fundamental
Son: mão aberta

T
Taeguk: oposto das coisas localizadas em círculo. (*Yang*: vermelho-sol e *Yin*: azul-lua)
Tchagui: chute ou chutar
Tchariot: sentido
Tchon: azul
Timio: pulando
Tirigui: socar
Tit: para trás
Tolho: virar em meia-lua
Tora: meia-volta
Tuirigui: bater

Y
Yop: de lado, lateral

Algarismos	Pronúncia
1	*il*
2	*i*
3	*san*
4	*sa*
5	*oh*
6	*iuk*
7	*til*
8	*pal*
9	*gu*
10	*chip*

Cardinais	Pronúncia
1º – Rana	*raná*
2º – Tul	*tul*
3º – Set	*sê*
4º – Net	*nê*
5º – Taso	*tasô*
6º – Yoso	*iosô*
7º – Ilgo	*ilgô*
8º – Iodol	*iodôl*
9º – Arro	*arrô*
10º – Iol	*iôl*

BIBLIOGRAFIA

Aprenda Taekwondo – 2ª edição
Woo Jae Lee / Yong Min Kim
Editora Brasil-América, Brasil, 1988

Corean karate, Free Figthing Techiques
Sihak Henry Cho
Charles E. Tuttle Co. Inc., Japão, 1968

La preparación competitiva de lós taekwondistas
Francisco J. Cruz Jiménez
O autor, Peru, 1998

Tae kwon do
Ireno Fargas
Editorial Comitê Olímpico Espanõl, Espanha, 1993

Tae Kwon Do
Won Il Lee
Record, Brasil, 1979

Taekwondo, Arte Marcial Coreana – vol. I – Iniciantes
Yeo Jin Kim
Editora Thiré, Brasil, 1995

Taekwondo, Arte Marcial Coreana – vol. II
Yeo Jin Kim / Edson Silva
O autor, Brasil, 2000

Taekwondo – Arte Marcial e Cultura Coreana - volume 1
Roberto Cárdia
O autor, Brasil, 2007

Taekwondo – Basic techiniques & taegeuk poomse – vol. 1
Jeong Rok Kim
Seo Lim publishing company, Coreia, 1986

Taekwondo Competição. O Manual dos Campeões
Yeo Jun Kim
O autor, Brasil, 2006

Taekwondo Kyorugi, Olympic Style Sparring
Hyun Chng Kuk e Myung Lee Kyung
Turtle Press Hartford, Estados Unidos, 1994

Taekwondo (Pomse)
Lee Jong Woo - The World Taekwondo Federation
Shin Jin Gak Publication Company, Coreia, 1975

Taekwondo Planificación del entrenó competitivo
Antonio Miguel Camino Olea
Editora Alas, Espanha, 1991

Taekwondo. Techniques and Trainning
Kyong Myong Lee
Sterling Publishing Co, Estados Unidos,1996

Taekwondo Textbook
Keum Jae
Kukkiwon, Coreia, 2006

COLABORADORES

COLABORARAM PARA ESTE LIVRO OS seguintes atletas, professores e mestres:

Mestre Belmiro Giordani – faixa-preta 5º Dan

Iniciou a prática do Taekwondo em 1982. Treinou com Carlos Negrão a partir de 1991 até 2000. Também trabalhou vários anos como treinador na equipe de São Bernardo e na equipe de Baby Barione.

Carreira de atleta:

5º Colocado no Pré-olímpico Mundial, Campeão das seletivas olímpicas brasileiras e Campeão do *Germany Open* (2000). Eleito o melhor atleta do Taekwondo brasileiro (1999). Vice-campeão pan-americano (1998). Campeão sul-americano (1995). Medalha de prata nos *US Open* (1992). Tetracampeão brasileiro. Integrante da seleção brasileira em 2 campeonatos mundiais e 2 Copas do Mundo.

Carreira como técnico:

Técnico da Seleção Brasileira (2012). Técnico da Equipe de São Bernardo (desde 2004 até hoje). Técnico da Seleção Paulista (2010). Treinador do Centro de Treinamento Baby Barione (2004 a 2009).

Mestre Carlos Costa – faixa-preta 5º *dan*

Iniciou a prática do Taekwondo em 1986 em Campinas. Em 1994 passou a treinar com Carlos Negrão, com quem treinou até encerrar sua carreira em 2008.

Carreira como atleta:

Integrante da seleção brasileira por mais de dez anos. Medalha de bronze na Copa do Mundo 1997 (Egito). Medalha de bronze no Ibero-americano (Espanha). Campeão pan-americano em 2000 (Aruba), bronze em 2003 (República Dominicana) e 1997 (Cuba). Campeão nos Jogos Sul-Americanos 2000 (Rio). Campeão sul-americano 1997 e prêmio de melhor atleta. Eneacampeão brasileiro. Decacampeão paulista.

Carreira como instrutor e técnico:

Técnico da equipe de Santa Bárbara do Oeste 2010–2012 e Técnico das equipes de Rio Claro e Americana 2010–2011.

Outras atividades:

Comentarista de Taekwondo do site UOL. Diretor da modalidade Taekwondo na Universidade Paulista UNIP (desde 2010). Organizador de 7 edições do *Bad Boy Open*.

Mestre Marcio Eugênio – faixa-preta 5º *dan*

Iniciou o Taekwondo em 1987. Passou a treinar com Carlos Negrão em 1994 e continuou treinando até 2004.

Carreira de atleta:

Medalha de prata na Copa do Mundo de 1996 e prêmio de melhor atleta do Taekwondo de 1996, concedido pelo COB (Comitê Olímpico Brasileiro). Campeão sul-americano 1997. Tricampeão brasileiro. Integrante da seleção brasileira durante 6 anos. Vencedor de inúmeras seletivas nacionais. Nove vezes campeão paulista (1994-98/2003-05/2008). Campeão dos Jogos Regionais (2006) /Bicampeão paulista de *pomse*.

Carreira de instrutor/técnico:

Técnico da equipe de Uberaba (MG) 2003. Prêmio de melhor instrutor do Estado de São Paulo 2007. Técnico da equipe de Indaiatuba (SP) desde 2011.

Outras atividades:

Colunista do site *Bang Taekwondo* e organizador da *Copa Marcio Eugênio*, em Indaiatuba.

Mestre Marcio Wenceslau Ferreira – faixa-preta 5º *dan*.
Iniciou a prática do Taekwondo em 1992. Treinou com Carlos Negrão de 1991 a 1993 e de 1997 a 2009.

Carreira de atleta:
5º colocado nos Jogos Olímpicos de Pequim (2008). Campeão mundial militar (Canadá 2010) e prata nos Jogos Militares 2011. Vice-campeão mundial (Madrid 2005). Tricampeão pan-americano (2010/2008/2006) e prata em 2002. Medalha de prata nos Jogos Pan-Americanos em 2007 e bronze em 2011. Medalha de bronze nas Universíades de 2003 e 2007 e no Mundial Universitário de 2004. Bicampeão dos Jogos Sul-Americanos (2006/2002) e prata em 2010. Prêmio Brasil Olímpico de Melhor atleta (2010 e 2011). Bicampeão no *US Open* (2010/2012). Pentacampeão brasileiro e pentacampeão brasileiro universitário.

Mestre Marcel Wenceslau Ferreira – faixa-preta 5º *dan*.
Iniciou a pratica do Taekwondo em 1991. Treinou com Carlos Negrão de 1997 a 2009.

Carreira de atleta:
Titular da seleção brasileira durante 14 anos e representante do Brasil nos Jogos Olímpicos de 2004 e nos Jogos Pan-Americanos de Santo Domingo em 2003. Medalha de bronze no Campenato Mundial de Pequim 2007. Vice-campeão ibero-americano na Espanha em 2003. Campeão pan-americano no Equador 2007 e bronze em 2006. Bicampeão dos Jogos Sul-Americanos em 2002 e 2006. Pentacampeão brasileiro adulto. Heptacampeão brasileiro universitário. Medalha de bronze no Campeonato Mundial Júnior na Turquia em 1998.

Mestre Marcos Gonçalves Oliveira – faixa-preta 4º *dan*

Começou a treinar em 1989, em 1994 passou a treinar com Carlos Negrão, com quem treinou até 2009

Carreira de atleta:

Campeão dos Jogos da Lusofonia (Macau, 2006). Medalha de Prata no Mundial Universitário (EUA 2006). Medalha de bronze no Campeonato Pan-Americano (Argentina 2006). Medalha de bronze nos Jogos Sul-Americanos (Argentina 2006). Bicampeão brasileiro adulto (1997 e 2005) e vice-campeão brasileiro (1999). Campeão brasileiro universitário 2006. Heptacampeão paulista adulto. Campeão sul-americano juvenil (1996). Campeão brasileiro juvenil e bicampeão paulista juvenil (1995 e 1996).

Carreira como professor:

Professor da Escola Stance Dual. Professsor do Colégio Consa (2003 a 2007), professor do Esporte Clube Pinheiros desde 2003 e professor da Escola Mobílie (desde 2010).

Participações especiais:

Mestre Fabio Nagasawa	faixa-preta 4º *dan*
Atleta Jéssica Tamochunas	faixa-preta 1º *dan*
Atleta Marcus Vinicius Palermo	faixa-preta 1º *dan*
Atleta Natalia Moutinho	faixa-preta 1º *dan*
Atleta Wainer Cesar de Oliveira	faixa-preta 1º *dan*
Willians Guilherme da Silva	faixa-vermelha/preta 1º *gub*